Q 文庫

研究型学习要怎么做？

マイテーマの探し方

[日]片冈则夫 / 著

史诗 / 译

贵州出版集团
贵州人民出版社

MY THEME NO SAGASHIKATA by Norio Kataoka
Illustrated by Toshinori Yonemura, Chikako Suzuki, Atelier Plan
Copyright © Norio Kataoka, 2021
Original Japanese edition published by Chikumashobo Ltd.
This Simplified Chinese edition published by arrangement with Chikumashobo Ltd., Tokyo,
through Tuttle-Mori Agency, Inc.
Simplified Chinese translation copyright © 2025 by United Sky (Beijing) New Media Co., Ltd.
All rights reserved.

著作权合同登记号 图字：22-2024-118 号

图书在版编目（CIP）数据

研究型学习要怎么做？／（日）片冈则夫著；史诗译. – 贵阳：贵州人民出版社，2025.1. – (Q 文库). – ISBN 978-7-221-18808-3

Ⅰ . G791

中国国家版本馆 CIP 数据核字第 2024FM1475 号

YANJIUXING XUEXI YAO ZENME ZUO？
研究型学习要怎么做？
[日] 片冈则夫 / 著
史诗 / 译

选题策划	轻读文库	出 版 人	朱文迅
责任编辑	唐 露	特约编辑	邵嘉瑜

出 版	贵州出版集团　贵州人民出版社
地 址	贵州省贵阳市观山湖区会展东路 SOHO 办公区 A 座
发 行	轻读文化传媒（北京）有限公司
印 刷	北京雅图新世纪印刷科技有限公司
版 次	2025 年 1 月第 1 版
印 次	2025 年 1 月第 1 次印刷
开 本	730 毫米 × 940 毫米　1/32
印 张	3.875
字 数	64 千字
书 号	ISBN 978-7-221-18808-3
定 价	25.00 元

本书若有质量问题，请与本公司图书销售中心联系调换
电话：18610001468
未经许可，不得以任何方式复制或抄袭本书部分或全部内容
© 版权所有，侵权必究

目录

前言 "自主课题"就像宝物,让我们踏上寻宝
之旅吧 　1

第 1 章　迷你调查学习　　7
用一张画纸开始研究型学习

第 2 章　自主课题的探寻方法①　　21
寻找调查学习的题材

第 3 章　调查学习与研究论文的基础　　45
制作片段,搜集信息

第 4 章　通过田野调查和项目了解现实　　71

第 5 章　自主课题的探寻方法②　　87
设定主题(问题),设计论文

附录　让我们来帮助伙伴学习吧　　109
后记　你是谁?　　115

前言
"自主课题"就像宝物，让我们踏上寻宝之旅吧

自主课题？研究型学习？

自己选择课题进行调查学习，撰写研究论文，这类"研究型学习"近年来正在不断增加。我所在的初中也大力开展研究型学习，要求学生从初一起便参与其中，初三时甚至要花一年时间撰写一篇一万字以上的毕业论文。

有人或许会想：我不想干这么麻烦的事。我可没有什么想学习的课题。研究型学习确实辛苦，不过向有经验的学长学姐请教便会发现，只要跟随自身的兴趣学习，"虽然辛苦，但是非常有趣、非常重要"。

话是这么说，烦恼也有很多："选择什么作为研究题材（对象）呢？""以什么为主题（问题）来学习呢？"想清楚这点，研究型学习就相当于完成了一半。也就是说，通往研究型学习的道路与寻找自主课题的道路是重合的，因此这本书的书名才会叫"寻找自主课题"[1]。本书的目的在于为寻找自主课题提供帮助，成为研究型学习这一"学习之旅"的指南。书中介绍的例子均来自初中生（也有一部分来自高中生），

1　此处指日语原书名《マイテーマの探し方》。本书脚注如无特殊说明均为编者注。

而且题材和主题多为宠物、动漫和卡拉OK等日常事物，想必诸位也会特别感兴趣。

"为什么必须进行研究型学习？""还是内容固定的普通课程更好啊。"我理解诸位的感受。但是请想想看，人生正是"自主课题的连续抉择"。高中有"综合性研究时间"，大学有毕业论文，而且这些仅仅是序幕。升学、就职等一系列选择完全等同于思考自主课题："我想做什么，又该如何前进？"当然，进入社会后，人们仍会一边向自己发问，一边生活下去。"我应该去哪里？应该做什么？""我究竟是谁？"简而言之，哪怕只是为了不成为机器，为了将人生掌握在自己手中，只要有机会，就应该思考自主课题。

这样的说法或许让人似懂非懂，我们暂且搁置不论。本书虽小，却汇集了如何寻找自主课题的方法，请诸位务必挑战一次。学习自己渴望的知识尽管辛苦，但终会苦尽甘来，毕竟这是一步步探索自身兴趣的过程。因此，"想学什么"这一研究型学习的起始问题与"想玩什么"在本质上是极其相似的。伴随着学习，世界将在诸位眼前不断扩展。让我们打开大门，去寻找珍贵的自主课题吧！

◆ **本书的结构**

本书五个章节按照学习的顺序构成，从第一次尝试研究型学习的"迷你调查学习"开始,到一般的"调查学习",再到正式的"研究论文"(也请注意第4—5页中的插图)。

第1章"迷你调查学习——用一张画纸开始研究型学习",将感兴趣的事物总结在一张画纸上,这是进行研究型学习的准备活动。这一步不会花费太多时间,却能为研究型学习打下基础。第一次接触研究型学习的人需要从这里开始。

第2章"自主课题的探寻方法①——寻找调查学习的题材",以初中生的研究型学习为例,说明调查学习的内容以及寻找"题材"的方法。对研究型学习来说,找到一个最感兴趣的方便搜集资料的题材十分必要。不过,这一过程中的迷茫和苦恼很常见,屡次更改的情况也不在少数。这一章将介绍从撰写计划书到一边读书学习,一边确定题材的过程。此外,本章还将介绍一些看起来像不太"正经",最后却正式成为课题的实例,以及那些最好不要涉及的课题领域。

第3章"调查学习与研究论文的基础——制作片段,搜集信息",即在决定调查学习的题材之后引用材料,完成作品的"部件"。在引用的材料上添加评论和出处(引用的源头),这样的文本可称为"片段"。片段中最难完成的是评论,本章也将传授撰写评论的技巧。片段积累起来,首先能打下调查学习的基础,其次则能一窥作品的全貌。此外,本章还将介

调查学习
确定题材并进行调查的研究型学习

第1章
迷你调查学习 用一张画纸开始研究型学习

START

第2章
自主课题的探寻方法①
寻找调查学习的题材

第3章
调查学习与研究论文的基础
制作片段，搜集信息

利用网络

利用图书馆

研究型学习是寻找
"自主课题"的跳岛之旅

第 4 章
通过田野调查和项目了解现实

研究论文
设定主题（问题）、引出结论（回答）的研究型学习

第 5 章
自主课题的探寻方法②
设定主题（问题），设计论文

附录
让我们来帮助伙伴学习吧

前言　"自主课题"就像宝物，让我们踏上寻宝之旅吧

绍图书馆和网络的使用方法。

第4章"通过田野调查和项目了解现实",人物访谈类的田野调查也好,挑战实验、手工艺或烹饪等领域的项目也好,这些经验一定会成为研究型学习中最美好的回忆。本章将对申请采访的具体程序和要点进行说明。

第5章"自主课题的探寻方法②——设定主题(问题),设计论文",终于到了这一阶段,设定主题(问题),引出结论(回答),设计论文,制作故事。本章将对问题的设定方法和研究型学习中容易出现的错误想法进行说明,如果能够闯过这一难关完成作品,那么水平必然会在一般初中生之上。

本书最后一部分是"附录 让我们来帮助伙伴学习吧"。面对伙伴或学弟学妹,应该给予怎样的支援?能够为研究型学习提供帮助的不只有老师和图书馆管理员。或是提供建议,或是修改文章,诸位都有许多帮助他人的机会。

第1章

迷你调查学习

用一张画纸开始研究型学习

诸位是不是觉得研究型学习要耗费大量时间？确实如此，有时我们需要花费半年以上来完成毕业论文。从零开始挑战如此庞大的项目是十分困难的，不过如果精简一下，就不那么耗时了。让我们先来挑战一下四五个小时便能完成的"迷你调查学习"吧。

"到底调查什么好呢？"不用把自主课题（题材）想得太难，只要是感兴趣的、有疑问的内容就可以。按照规则搜集信息，再整理输出，就是研究型学习。让我们来熟悉一下整体流程吧。

需要准备的东西有一张画纸、记录用纸、剪刀和胶水，再加上彩色铅笔、钢笔等，会让过程更充满乐趣。这一过程就像在便当盒（绘画用纸）里塞满已经调查好的内容（示例见第18—19页）。

◆ 确立计划

我们先来写计划书。❶ "想要尝试学习的内容"，哪怕只写一个词也没有关系。这里我们以"球藻"（一种球形藻类）为例。❷ "选择这一题材的契机·动机"是什么，请具体写下来。例如"你是在哪里，怎么遇到球藻的？""你喜欢它的什么方面？""你对哪部分感兴趣？"试着以回答这类问题的方式来写。❸ "在图书馆找到的书"，请记录你在学校图书馆或公共图书馆找到的书。如果查找过程不是很顺利，一定要向图书馆管理员请教。在这里记录下作者和书

"迷你调查学习"计划书示例

❶ 想要尝试学习的内容（领域或题材）
球藻

❷ 选择这一题材的契机·动机（为什么想调查）
我从去北海道旅行的朋友那里收到了球藻。我给它取名叫"小球"，养在房间的窗边。它是绿色的，非常漂亮，样子也很可爱。但是我并不了解球藻是什么样的生物，因此决定调查一下。

❸ 在图书馆找到的书（两本以上）

作者	书名 （省略副标题）	索书号 （分类号码）
阿寒球藻自然志研究会	《圆圆小球藻》	474
千叶望	《守护球藻：若菜勇的研究》	474
阪井与志雄	《球藻的科学》	474.2

名。索书号（分类号码）是图书馆内的图书书脊上的编码，就像图书在图书馆里的住址，只要有此号码，只看书脊也能迅速找到图书。

◆ 查阅百科全书或辞典

最先需要查阅的是百科全书、辞典或图鉴。不过，研究型学习的第一步总是要从查阅相应词语的定义开始。简而言之，就是要回答"××是什么"这一问题，了解其特征和定义。推荐诸位使用面向儿童的

百科全书和辞典
教给我们意思、特征和定义

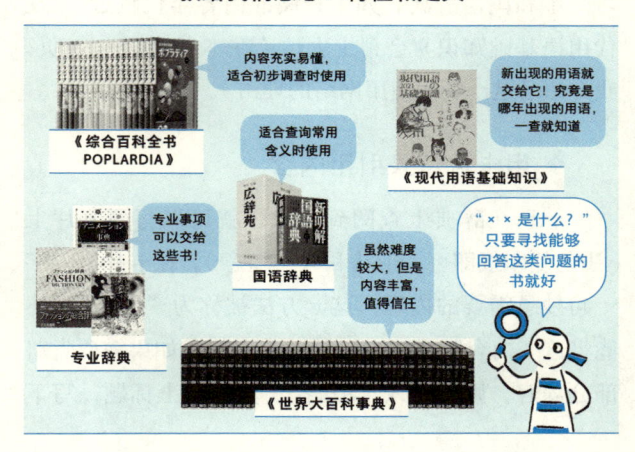

内容充实易懂，适合初步调查时使用

《综合百科全书 POPLARDIA》

适合查询常用含义时使用

新出现的用语就交给它！究竟是哪年出现的用语，一查就知道

《现代用语基础知识》

专业事项可以交给这些书！

国语辞典

虽然难度较大，但是内容丰富，值得信任

专业辞典

"××是什么？"只要寻找能够回答这类问题的书就好

《世界大百科事典》

初中一年级学生的
"迷你调查学习"题材示例

- ◆ 篮球
- ◆ 红薯
- ◆ 自动铅笔
- ◆ 游泳
- ◆ 蚂蚁
- ◆ 黑洞
- ◆ 职业棒球
- ◆ 消费税
- ◆ 意大利菜
- ◆ 日式点心
- ◆ 合唱
- ◆ 浮游生物
- ◆ 进化
- ◆ 声音
- ◆ 日本宪法
- ◆ 语音合成软件 VOCALOID

- ◆ 宝石
- ◆ 真田幸村
- ◆ 猫
- ◆ 企鹅
- ◆ 迪士尼
- ◆ 深海
- ◆ 手工点心
- ◆ 猫头鹰
- ◆ 设计
- ◆ 江户时代
- ◆ 剧毒生物
- ◆ 计数方法
- ◆ 文具
- ◆ 玉米
- ◆ 大王乌贼
- ◆ 星座

- ◆ 传统蔬菜
- ◆ 单簧管
- ◆ 发明与发现
- ◆ 濒危物种
- ◆ 故事创作
- ◆ 足球
- ◆ 网球
- ◆ 水母
- ◆ 深海生物
- ◆ 兽医
- ◆ 海牛
- ◆ 打击乐
- ◆ 钢琴
- ◆ 鹦鹉
- ◆ 低音提琴
- ◆ ……

和社团活动相关的题材也不少呢……

第1章　迷你调查学习　用一张画纸开始研究型学习

百科全书《综合百科全书POPLARDIA》[2]以及各类学习图鉴和国语辞典。如果查阅的内容年代较近,《现代用语基础知识》会帮上大忙(在本书第67—69页,我介绍了这一步不使用网络的理由)。

◆ 用卡片记录引用内容

一旦在辞典上查阅到信息,就可以写到卡片上(浅色复印纸即可,形状和大小随意)。在卡片上一字一句抄录需要的内容,这一方法被称为"引用"。不能将这些内容随意用自己的话来表达。如果需要省略部分内容,则要加入"中略"。然后加上标题,写下

引用并制作卡片

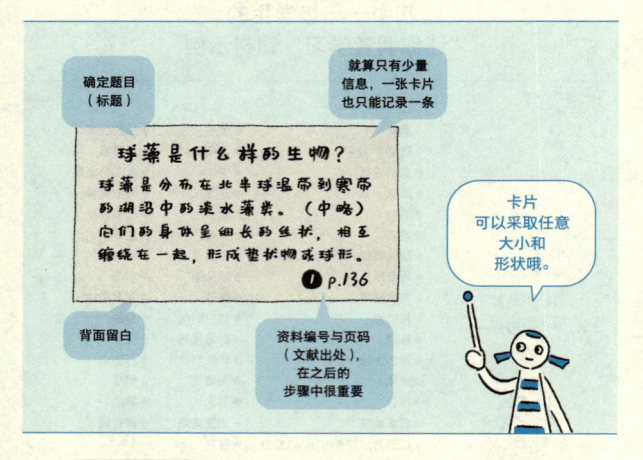

- 确定题目(标题)
- 就算只有少量信息,一张卡片也只能记录一条
- 球藻是什么样的生物?
  球藻是分布在北半球温带到寒带的湖沼中的淡水藻类。(中略)它们的身体呈细长的丝状,相互缠绕在一起,形成垫状物或球形。
  ① p.136
- 背面留白
- 资料编号与页码(文献出处),在之后的步骤中很重要
- 卡片可以采取任意大小和形状哦。

2　本书中提到的参考书均为日语书籍。读者可参考同类型中文图书。

资料的序列号与页码（这叫作"文献出处"）即可。

辞典之外的书当然也很有趣。如果有的地方让你感到"啊，这点很重要"，就赶紧夹上书签。作为材料，四到五张卡片已经足够（使用便笺时，注意不要粘贴在文字上，可能会导致文字脱落）。

◆ 用虚拟形象评论

阅读资料，遇到值得关注的文章时，心里便会"啊呀"为之一动，还可能会有"哦——""原来如此"之类的感慨。尝试将这些心声化为文字，最初或许只是感想，若能写成客观的意见（评论）最好。

引用是指书中的原话，而评论是自己的话语。为了区别二者，我们可以画一个原创形象，让它为我们代言。也就是说，你的虚拟形象（分身）会在"迷你调查学习"中登场。

只要是原创的虚拟形象，什么样子都可以。不擅长绘画的人画个火柴人也行，只要在圆形或星形图案上添加眼和嘴，便能呈现出充满亲切感的表情，其实就是社交媒体上的颜文字。不用想得太难，按照自己的想法画下来，再加上动作和语言就好。虚拟形象一旦活跃起来，便能产生只有你才能创作出的原创作品。

顺便一提，本书将摘抄卡与评论合成一体，称之为"片段"（碎片），请诸位留意。

将摘抄卡和评论合成为"片段"

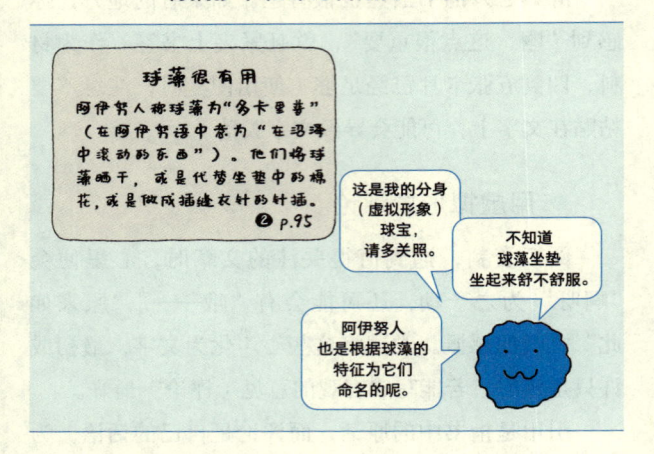

球藻很有用

阿伊努人称球藻为"多卡里普"（在阿伊努语中意为"在沼泽中滚动的东西"）。他们将球藻晒干，或是代替坐垫中的棉花，或是做成插缝衣针的针插。
❷ p.95

这是我的分身（虚拟形象）球宝，请多关照。

不知道球藻坐垫坐起来舒不舒服。

阿伊努人也是根据球藻的特征为它们命名的呢。

中学生们设计的原创虚拟形象

◆ 添加参考引用文献列表

引用资料后,就要写下"参考引用文献列表"。列表中的"No."对应摘抄卡右下方的文献编号。"作者·书名·出版社·出版年份"请参考本书的版权页。一定要趁着书在手边的时候详细记录,一旦偷懒,事后就不得不再去图书馆找书了。

每次引用时都要事无巨细地写下来,确实很麻烦啊。但是,这份列表将会成为研究型学习的"原材料表"。原材料写得清清楚楚,食品就能安心食用。让我们来创作每个人都能安心阅读的作品吧。

参考引用文献列表

No.	作者	书名	出版社	出版年份	索书号(分类号码)
❶	秋山仁等编	《综合百科全书POPLARDIA新版10卷》	白杨社	2011	031
❷	荻原信介 编	《科学的故事:不可思议的植物》	PHP研究所	2010	470
❸	千叶望 文,荒谷良一 图	《守护球藻:若菜勇的研究》	理论社	2009	474.2
❹		《新图详解地区教科事典:植物》	学习研究社	1994	031

◆ 责任声明与标题

"迷你调查学习"的责任声明相当于书籍中的版权页。请看第19页的右下方。把这部分比喻成电影的片尾字幕大概更容易理解吧。也就是说，我们需要宣告"这部作品的责任人是我"。当然，这也是在表达"'著作权'在我这里"，是对作品创作时间与地点的记录。

列表信息源于版权页

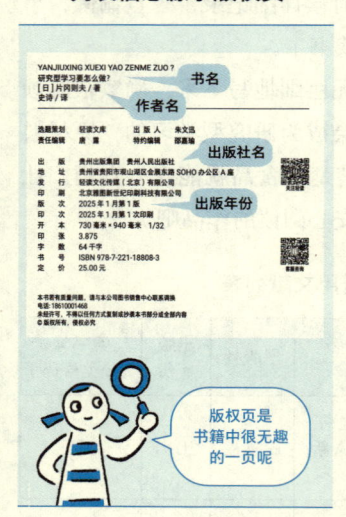

（书名、作者名、出版社名、出版年份）

版权页是书籍中很无趣的一页呢

然后，我们还要写上醒目的标题。标题是作品的招牌，要设计得足够吸引人。很多人都会写"关于××"，或者只写"××"这样的标题，但是我们需要更加具体的题目，例如研究球藻，就要让别人明白作品是在研究球藻的哪个方面。

你觉得"迷你调查学习"怎么样？完成后或是贴在教室里，或是相互分享。把作品对折，用胶水将若干张纸粘在一起，就能做成"书"，也是很有意思的事。

标题是作品的招牌

> 标题是招牌，形式和文字也要好好设计

> 有趣又充满吸引力的题目

球藻是什么样的生物
来自清澈湖中的客人

> 可以取个副标题

> 不要用"球藻""关于球藻"这种题目呀！

虽然稍费功夫，但是对于下一章涉及的创作正式的研究型学习作品来说，不断制作积累这些摘抄与评论合二为一的"片段"是不可或缺的基础。而且随着调查的推进，调查范围可能会越来越广，甚至出现"画纸不够用了"的情况。这才是"自主课题"的萌芽。

球藻是什么样的生物
——来自清澈湖中的客人

画纸要从中间向内对折哦!

缘起

我从去北海道旅行的人那里收到了球藻,养在窗边的杯子中。我完全不了解球藻是什么样的生物,因此去图书馆调查了一下!

写下选择这一主题的契机。

好喜欢球藻!我是原创虚拟形象"球宝"。

虚拟形象就是你的分身。让原创虚拟形象活跃起来吧!不能使用漫画和动画中的角色!

大家都了解球藻吗?

球藻是什么样的生物?
球藻是分布在北半球温带到寒带的湖沼中的淡水藻类。(中略)它们的身体呈细长的丝状,相互缠绕在一起,形成垫状物或球形。
❶ p.136

球藻的生长需要清澈的湖水。如果清澈的湖增多了,或许日本各地都能看到球藻!

写清文献出处。

球藻的伙伴
与球藻相似的种类有生活在富士山麓山中湖的富士球藻和生活在青森县左京沼等地的姬球藻等。
❹ p.300

让虚拟形象谈谈自己的意见或感想吧!

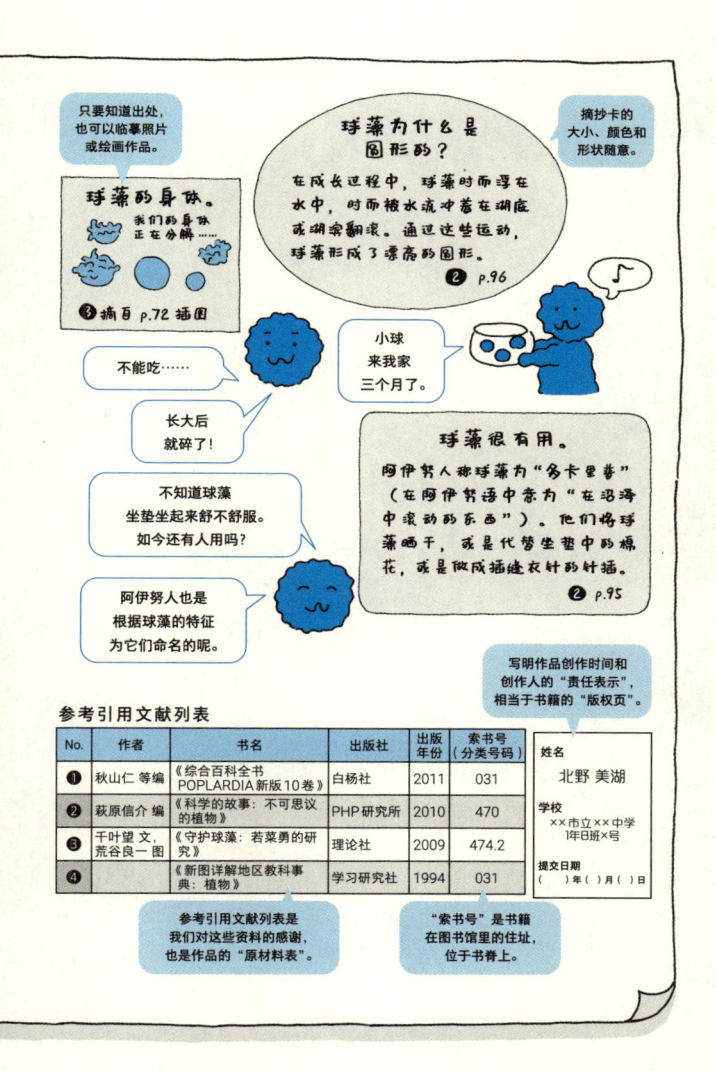

只要知道出处，也可以临摹照片或绘画作品。

球藻为什么是圆形的？

在成长过程中，球藻时而浮在水中，时而被水流冲着在湖底或湖岸翻滚。通过这些运动，球藻形成了漂亮的圆形。
❷ p.96

摘抄卡的大小、颜色和形状随意。

球藻的身体。

我们的身体正在分解……

❸ 摘百 p.72 插图

不能吃……

长大后就碎了！

小球来我家三个月了。

球藻很有用。

阿伊努人称球藻为"多卡里普"（在阿伊努语中意为"在沼泽中浮动的东西"）。他们将球藻晒干，或是代替坐垫中的棉花，或是做成插缝衣针的针插。
❷ p.95

不知道球藻坐垫坐起来舒不舒服。如今还有人用吗？

阿伊努人也是根据球藻的特征为它们命名的呢。

写明作品创作时间和创作人的"责任表示"，相当于书籍的"版权页"。

参考引用文献列表

No.	作者	书名	出版社	出版年份	索书号（分类号码）
❶	秋山仁 等编	《综合百科全书POPLARDIA新版10卷》	白杨社	2011	031
❷	萩原信介 编	《科学的故事：不可思议的植物》	PHP研究所	2010	470
❸	千叶望 文，荒谷良一 图	《守护球藻：若菜勇的研究》	理论社	2009	474.2
❹		《新图详解地区教科事典：植物》	学习研究社	1994	031

姓名
北野 美湖

学校
××市立××中学
1年日班×号

提交日期
（ ）年（ ）月（ ）日

参考引用文献列表是我们对这些资料的感谢，也是作品的"原材料表"。

"索书号"是书籍在图书馆里的住址，位于书脊上。

19　　第 1 章　迷你调查学习　用一张画纸开始研究型学习

第 2 章

自主课题的
探寻方法①
寻找调查学习
的题材

正式的研究型学习大多运用于毕业研究、综合学习和暑期自由研究中。无论是什么样的研究型学习，都要从寻找"学什么"，即寻找自主课题开始。如何在研究型学习中寻找感兴趣的领域，如何在这一领域中缩小范围选出题材（研究对象），将是本章介绍的内容。

◆ "该学习什么好呢？"研究型学习的条件

"该学习什么好呢？"研究型学习的条件因课程而异，不过本书在这里将介绍任何情况下都须留意的三个条件。

| 条件1 | 抱有兴趣，具备介绍给他人的价值

"感兴趣"是理所当然的。但是，找到既感兴趣又能长期坚持研究的领域或主题，有时需要花费比想象中更长的时间。与此同时，"感兴趣"并不等同于"喜欢"。例如，"必须想办法解决""总觉得奇怪""真窝火"等问题意识、违和感或愤怒也能成为重要契机。

所谓"具备介绍给他人的价值"，是指这一领域或主题"并非自以为是"。请诸位想象一下向朋友说明时的场景："喂，听我说！这次的研究型学习很有意思哦。因为……"关键在于能不能满怀热情地让对

方产生共鸣。

| 条件2 | 具备资料，而且可以自行处理

关于准备学习的领域，能找到多少本相关书籍呢？让我们寻求图书馆管理员的帮助吧，肯定能够找到什么。不过想要找到可以自行阅读而且值得信任的资料，还是需要相应的技巧和努力的。

| 条件3 | 与他人不同

研究型学习是向自己发问"你是谁？"若是用潇洒的话语来形容，一个人的个性和原创性原本就存在，因此"该学什么好"是从一开始就注定的。假如班里有三个人"想了解猫咪"，这样能形成研究型学习吗？没问题，完全可以，因为"猫的起源与品种""猫的捕杀问题""猫咪咖啡的经营"属于截然不同的题材。也就是说，只要是具备一定宽度的领域，都可以供站在不同视点的若干人同时学习。把这件事想成"三个人写了三本不一样的猫咪书"，就很容易理解了。

◆ 帮助寻找研究领域与题材的工作

毫不费力便能决定研究领域与题材的人少之又少，因此我们需要做一些简单的工作，例如写出"能滔滔不绝聊上一个小时的兴趣点"，然后在限定时

间内想方设法写出关键词与关联词。如果无法立刻写出，那么只写那些牵动心绪的词语也可以。快乐、惊讶、喜悦、好奇、愤怒、疑问、感动、悲伤、不安……引发内心活动的某些东西将把我们带向题材。人的兴趣千差万别，一旦想表达什么，便会率直地写下牵动心绪的东西。与此相反，一旦开始计较未来的得失，"有这么多资料，汇总起来应该很轻松""非常在意朋友们的看法"，便难以长期坚持，请务必注意这点。

在这一阶段的工作中，有人写得停不下笔，也有人怎么也想不出词来。若是如此，哪怕休息时也无所谓，赶快问问朋友：我平时都爱说什么呢？对方一定会带来各种意料之外的答案，有时提示就藏在其中。

为了找到想要学习的领域与题材，还有很多种"创造方法"。不过，我们无法保障写下的话语能立刻与研究型学习关联在一起。简而言之，大约三分之一的人最初写下的内容能直接导向研究型学习。因此，我们可以把这一阶段的工作看作寻找研究领域与题材的"出发暗号"。

◆ 制作"调查学习"的计划书

只要确定了相应领域与题材的关键词，就可以开始撰写计划书，这点基本上与"迷你调查学习"相同。请回答下列六个问题。此处的案例制作参考了学生实际研究的"卡拉OK"这一题材,从这位学生的记述中,我们可以看到她在学习中获得灵感的过程。

❶ 领域与题材(想学什么?)

最初只写词语也没有关系,只是不要写"宇宙"之类的宏大词语(确实太宏大了),而是要具体写出"彗星""小行星探查""火星"之类在宇宙中的兴趣点。

❷ 动机(契机是什么?)

将引发兴趣的契机或体验写成文章。很多人都会写"因为喜欢""因为感兴趣""因为想调查",但是我们还要更进一步,问一问自己:为什么喜欢?对哪里感兴趣?为什么想调查?这一部分将会成为"后记"。此外,只有了解诸位的动机或背景,老师和图书馆管理员才能提供详细建议和资料。请一定满怀热情地写下那些与兴趣邂逅的瞬间,或是内心对这一领域和题材抱有的执着。

❸ 基础资料(首先学习什么?)

撰写计划书需要基础知识。选择相关资料(至少三册),写下书本信息,也就是"著者(出版时间)·书名·出版社·索书号"。索书号仅限于从图书馆借的书。这类资料一览将形成参考文献列表。

❹ 内容(学习什么?)

起源、历史、分类或种类以及现状,再加上在百

研究型学习计划书示例

❶ 领域与题材

卡拉OK

> 以什么为题材?

❷ 选择这一题材的契机与动机（为什么想调查?）

从上小学时起,我就非常喜欢和朋友一起去卡拉OK唱歌,上了中学后也依然如此。我们一起喝彩,一起歌唱,用铃鼓和沙锤等小乐器烘托气氛。我很想调查一下在人与人之间创造美妙联系的卡拉OK。

> 什么样的契机?

❸ 基础资料

作者	出版年份	书名	出版社	索书号
鸟贺阳弘道	2008	《卡拉OK秘史——打造创意的世界革命》	新潮社	673.94
Intervision 21 编	2001	《图解"赚钱"的策略》	三笠书房	673.04
野口恒	2005	《卡拉OK文化产业论——创造21世纪的"生存价值社会"》	PHP研究所	673.94

> 读了什么书?

❹ 内容

· 卡拉OK的出现、历史与机器的进步
· 什么样的歌曲受欢迎
· 卡拉OK包间的经营

> 调查哪些方面?

❺ 田野调查与项目的想法

· 采访卡拉OK包间（无障碍卡拉OK）
· 采访卡拉OK协会

> 去哪里?做什么?

> 必须回答各种问题啊……

❻ 研究的意义与价值

· 卡拉OK作为社交的重要性
· 社会需要能让中学生与家人安心享受的娱乐

> 这样的学习有什么意义?

科全书中查阅到的意思、特征和定义，就是我们需要掌握的基础知识。除此之外，只要是诸位认为的重要内容，什么都可以写下来。可以参考手边书籍的目录。

❺ 关于田野调查与项目的想法（如何从现场学习？）

"要是能见到那位老师就好了。""想去采访这样的公司。""想做实验或烹饪。""想挑战一下××制作。"写出有关田野调查或项目的想法。比起可操作性，有想法才是关键。虽然"光说不练"并不好，可是我们不能在不了解现实的状态下进行学习（因此，利用图书馆或网络进行的调查并不属于田野调查或项目）。

❻ 研究的意义与价值（为什么学习？）

研究型学习的关键在于"对人与社会的意义""那件作品对大家来说具有怎样的价值和好处？"请回答这样的问题。因此，该项与前述❷，即"自己为什么要学"的动机（个人契机）不同，将会成为作品的"前言"。这是计划书中最难的一部分，灵感源于参考书籍的前言。许多书籍的前言都会论述"为什么写这本书"的意义。

撰写计划书的目的在于"整理"研究型学习的目标与关注点，即使并不完美也无所谓。而且大多数研究型学习也不会完全按照计划书进行，我们需要的是在写作中寻找方向。

演练到这一步感觉如何？其实在很多时候，我们或是写不出计划书，或是根本就不知道该怎么做。一旦做出"这就是我想要学习的东西！"这类决断，就能大幅推进研究型学习的进度。首先根据需求阅读书籍，然后确认是否对即将进入的领域充满热情。

◆ 什么样的领域更受欢迎？前辈们的学习

听到别人说"学什么都行"，自己反而不知所措，这样的人不在少数。这种时候可以看看前辈们学习的具体内容。本书将介绍我所在的学校过去14年间大约2800名学生的毕业研究记录，表格中是"历届毕业生学习内容排行榜"，我列举了最有人气的100种题目。其中排名第一的是"狗"，有26人选择。频率（人数）旁边的"‰"是表示比例的单位。%是百分率，‰是"千分率"，平时不会使用，但是非常适合用来表示极小的比例。例如，选择"狗"的人占9.4‰（0.94%），也就是1000人中有9到10人学习犬类知识。当然，这26人调查的肯定不是同一个方面，研究型学习的题材与视点本就多种多样。此外，受欢迎的领域并不一定就是"好的领域"，更不会因为过于常见而失去趣味。一般情况下，初中生感兴趣的领域大体就在这个范围内。

研究型学习内容排行榜 TOP100

（数据基于2759名初三学生的毕业研究）

排位	题材（学习对象名称）	频次	‰
1	狗	26	9.4
2	睡眠	23	8.3
3	游戏	21	7.6
4	便利店	19	6.9
5	汽车	18	6.5
5	足球	18	6.5
7	棒球	17	6.2
7	时尚	17	6.2
7	巧克力	17	6.2
10	营养	16	5.8
10	迪士尼乐园	16	5.8
12	地震	15	5.4
12	日式点心	15	5.4
12	红茶	15	5.4
12	颜色	15	5.4
12	电影	15	5.4
12	电视	15	5.4
12	动画	15	5.4
19	药	14	5.1
20	米	13	4.7
20	建筑	13	4.7
20	广告	13	4.7
20	花车	13	4.7
24	猫	12	4.3
24	宇宙	12	4.3
24	方便面	12	4.3
27	飞机	11	4.0
27	点心	11	4.0
27	护士	11	4.0
27	机器人	11	4.0
27	奥运会	11	4.0
32	导盲犬	10	3.6
32	茶	10	3.6
32	方言	10	3.6
32	时钟	10	3.6
32	宇宙开发	10	3.6

排位	题材（学习对象名称）	频次	‰
32	面包	10	3.6
38	天气	9	3.3
38	住宅	9	3.3
38	自行车	9	3.3
38	兽医	9	3.3
38	篮球	9	3.3
38	运动营养	9	3.3
38	室内装饰	9	3.3
38	空乘	9	3.3
38	冰激凌	9	3.3
47	蔬菜	8	2.9
47	百人一首	8	2.9
47	文具	8	2.9
47	食品添加剂	8	2.9
47	教师	8	2.9
47	世界遗产	8	2.9
47	城郭	8	2.9
47	手机	8	2.9
47	牙齿	8	2.9
47	烟花	8	2.9
47	温泉	8	2.9
47	语音合成软件VOCALOID	8	2.9
47	吉他	8	2.9
60	日本料理	7	2.5
60	西式点心	7	2.5
60	阿尔茨海默症	7	2.5
60	和服	7	2.5
60	味觉	7	2.5
60	漫画	7	2.5
60	自卫队	7	2.5
60	配音演员	7	2.5
60	肌肉	7	2.5
60	心理学	7	2.5
60	审判	7	2.5

排位	题材（学习对象名称）	频次	‰
60	排球	7	2.5
60	快餐	7	2.5
60	包装设计	7	2.5
60	蘑菇	7	2.5
60	吉卜力	7	2.5
60	计算机	7	2.5
60	癌症	7	2.5
60	芝士	7	2.5
60	咖啡	7	2.5
60	网球	7	2.5
60	希腊神话	7	2.5
82	旅行	6	2.2
82	药剂师	6	2.2
82	动物园	6	2.2
82	头发	6	2.2
82	相对论	6	2.2
82	战国时代	6	2.2
82	姓氏	6	2.2
82	忍者	6	2.2
82	太平洋战争	6	2.2
82	剑道	6	2.2
82	三国志	6	2.2
82	寿司	6	2.2
82	花粉症	6	2.2
82	企鹅	6	2.2
82	股票	6	2.2
82	网络	6	2.2
82	运动医学	6	2.2
82	海豚	6	2.2
100	宝石	5	1.8

◆ 认真学习"不正经的领域和题材"

话说回来,世间随处可见"不正经与不严肃""兴趣与娱乐""嗜好""打发时间""放纵"的行为和事物,例如,漫画、电视游戏、动画、虚拟歌手、舞场、配音、轻小说、清凉饮料、方便面等。这里提供的建议正是给那些对"不正经的领域"感兴趣的人的。

若想专注这类领域进行研究型学习,很容易遭到"只顾兴趣""只是列出喜欢的事物""真是胡来"之类的批评。那么,为什么这类领域看起来那么不正经呢?那是因为当人们从这些行为中获得"快乐"和"舒适"时,总是与"自我堕落"直接相连。应该有不少人都被骂过"只知道玩游戏"吧。

"我要认真研究电视游戏(虚拟歌手、配音演员……)",诸位之中肯定有人想这样说。正因如此,我们必须学习说服身边驳斥的声音:"学那种没意义的东西有什么用?""世界上更有价值的重要问题还多的是。"因此,我将"领域与题材"和"研究型学习的态度"按照"严肃"与"不严肃"划分为以下四类:

| A | 严肃地学习严肃的领域与题材
| B | 严肃地学习不严肃(不正经)的领域与题材

| C | **不严肃地学习严肃的领域与题材**
| D | **不严肃地学习不严肃（不正经）的领域与题材**

就结论而言，A与B可行，C与D不可行。研究型学习的领域与题材不分好坏，只要学习态度端正，任何事情都可以纳入研究型学习的范畴。

如果有人提出反对意见："那么不正经的领域可不行啊。"那该怎么办呢？首先请与图书馆管理员商量，借来若干相关书籍。就算是不严肃的事物，也一定存在严肃的研究成果。其中多数都为一般书籍（面向成年人的书籍），如果能读得津津有味，那么就把那些书堆到老师面前说服对方："动画（漫画、卡拉OK……）是非常重要的文化（商品、服务……），制作这类作品或服务的人根本就不可能随便胡来，所以值得学习。"

我还想介绍一下"市场规模"（交易金额）这个关键词。例如，包括动画、手机游戏、演唱会与相关活动在内，与配音演员相关的娱乐市场规模总计近4兆日元（《日本经济新闻》2021年3月31日早报）。既然存在如此大规模的金额流动，配音演员自然具备价值。

◆ 前辈逐渐退缩的九大领域

综上所述,无论是什么样的领域与题材,只要具备"兴趣""资料""说服力",就能进行研究型学习。但是观察前辈们的研究型学习,就会发现也有不少没能顺利推进的例子,很多人发现自己力不能及,只能回到起点。"如果没有相当程度的决心,最好还是不要随便接触。"这里将为诸位介绍很容易让人退缩的领域与题材:为什么容易退缩?如果无论如何都想选作主题,又该怎样说服别人、提供建议?

【艺人与主题公园】 仅凭"喜欢与爱"难以为继

|理由| 在"粉丝"的状态下,调查学习K-POP、杰尼斯、日本环球影城和迪士尼乐园等偶像、艺人和游乐场是十分困难的。每年都会出现仅以"喜欢"为动机草率挑战这类题材进而受挫的学生。

|说服技巧| ①阅读面向成年人的一般书籍,而不是粉丝指南;②以一般书籍为基础制作计划书;③举例说明偶像与主题公园在"爱"之外的关注点。

|建议| 日本环球影城与杰尼斯不是上市企业,资料原本就少。同样,最近一两年流行的偶像也缺乏完整资料。另外,K-POP、偶像组合与迪士尼乐园都有相关书籍。

【心理】 没有"形"的东西难以把握

|理由| 心理学的相关内容具有相当的难度,因为我们总是难以应对无法摘取出来放在面前的"心"。梦境、性格、情绪、社交障碍、治愈系音乐、恐惧症、表情与笑容等方面也需要回避。不少学生都对记忆与错觉抱有兴趣,可是稍微深入研究就会发现,脑科学的问题实在不好解决。

|说服技巧| ①如果不想放弃,就把已经读过的书籍推荐给老师;②一定要展示自己对心理学的哪一个领域抱有怎样的兴趣。

|建议| 认真阅读入门书籍。有些书上会说"可以读心",但是心理学认为人心是无法读懂的。目前已被科学阐明的"心"的相关知识少之又少。

【神秘学与伪科学的"不可思议之书"】 信不信由你,但是没有证据哦

|理由| 至今没有证据证明UFO(外星人)与超能力的存在,不明所以的事物是无法研究的。血型与性格、超心理学、波动、净离子群技术等充满科学味道的伪科学或阴谋论也是同理。

|说服技巧| ①请把外星人带来,请飘浮在空中;②强调伪科学与阴谋论属于超前逻辑,是"无法证明的事项",这类出版物被统称为"不可思议之书",缺乏说服力。

| 建议 | 妖怪与地狱等内容经常出现在研究型学习中。这些内容具备"既存资料",能够通过它们来研究人类。请查阅百科全书,并前往图书馆内的"民俗学"书架,其中不但包括传说,还包括幽灵和龙等有趣的内容。

【民间疗法与健康法】 效果属于个人感想

| 理由 | 芳香疗法与颜色疗法等民间疗法在效果上都没有科学依据。如果效果能够得到科学认证,就会用于正式医疗。健康食品与补品也一样,不少此类广告的一角都写有"仅为个人感想,并非效果与功能提示"的字样,新闻报道中也经常可见有关水和健康食品的恶性经营。如果水能治疗百病,那就再也不需要医生了。

| 说服技巧 | 如果对这类领域感兴趣,请学习香料、色彩学、药用植物学和营养学,它们都有学术背景。

| 建议 | 市面上虽然存在各种检测,但是无法成为证据,一般只能写"效果可以预见"。

【美容】 比起效果,还是选择商业和技术层面更安全

| 理由 | 护肤、美肌、减肥、美容、牙齿矫正等全部属于医疗与健康问题,各有各的专业,也很容易

变成方法类主题（参照本书第97页）。

| 说服技巧 | 请阅读值得信任的医生撰写的书籍。各种措施的效果并不具备充分的科学依据，请千万不要陷入"××法"。

| 建议 | 许多化妆品与化妆相关的书籍都值得信任。模特的相关资料不足，很容易导致研究失败。如果对美甲和美容抱有兴趣，从商业或技术的角度切入可能更好。

【犯罪与军事】 不要因为兴趣而讨论犯罪与凶杀

| 理由 | 无法凭借兴趣来讨论毒品与黑社会等违反法律的药物和团体。枪械、兵器和战争同理。

| 说服技巧 | ①从社会问题角度看待毒品与黑社会；②在军事中确定主题，跨越兴趣，展示研究的意义。

| 建议 | 在学习而非游戏或小说中涉及犯罪、战争与凶杀，是需要做好相应的心理准备的。武器与兵器已经在我们的世界中伤害了许多人，我们需要让自己站在"被枪指着"的那一方。

【漫画、电影与游戏的作品论】 需要较高的读写能力

| 理由 | 涉及吉卜力（宫崎骏）、哥斯拉、假面超人和奥特曼等电影、节目、漫画和游戏作品需要相

当的能力。我们可以将其概括为"作品论"。在所有中途放弃的主题中，吉卜力和宫崎骏导演作品占据第一位。

|说服技巧| 动画、漫画和特摄影视存在大量书籍，要事先预估阅读的程度。深入的阅读与欣赏自然不可或缺，此外还需要大量阅读相关资料，否则无法开始研究。

|建议| 完成作品论的学生全都具备相应的读写能力。

【社交媒体】 熟练使用与研究截然不同

|理由| X、Instagram、TikTok、YouTube、LINE等特定软件全部属于现在进行时，很难梳理资料，且有部分企业并未公开相关信息。

|说服技巧| ①学习社交媒体的基础知识，资料十分丰富；②对已读资料中的有趣之处进行说明。

|建议| 理解社交媒体十分困难。与此同时，关于年轻人的手机使用情况又存在很多资料，或许会有"YouTube节目制作"等项目型研究。

【高科技】 摸了一圈就结束

|理由| 黑洞、相对论和VR都很难。就算嚷着"好厉害"扑上去，一般也应付不了，啃了一圈周边知识便会结束。

|说服技巧| 判断自己对材料的理解程度。

|建议| 学习力所能及的技术与理论,从不同的角度思考题材,例如"关于黑洞的新闻报道"。

洋洋洒洒写了这么多,并不意味着"这类领域的研究型学习无论如何都行不通"。抱有兴趣是件好事,但是请诸位想想,"具备资料,而且可以自行处理"也是选择主题的条件。换言之,无论选择哪个领域,"资料"与"说服力"都是兴趣之外的必要条件。如果学生选择这些需要特别小心的领域,那么老师一开始就要表明"还是放弃比较好"的态度。但是读了上述建议后,如果学生还是坚持己见,那就不要阻止,而是提供帮助。

其实,无论是哪个难以推进的领域,都可能会从学生身上发现成功的信号。书本上的大量便笺正是标记,这可是我的秘密发现。只要那里写满了字,信任程度就会立刻上升。就算是难以处理的领域,展现出这样的认真态度并完成调查学习的学生也大有人在。

◆ 从领域中寻找"题材"——
"动画是什么?"

就算找到了饶有兴趣的"领域",也不可能立刻成为研究型学习的题材(研究对象)。最初写在计划书里的都是十分宏大的词语。例如,有个班级的计划书中就出现了"动画""游戏""时尚""设计""宠物""音乐"等内容。

阅读计划书,就能了解学生的兴趣所在。但是,如果他们仅仅展示出这些词语,那么无疑会关联到以下问题:"动画是什么?""游戏是什么?""什么是时尚?"

例如,"喜欢动画"的学生选择的对象,也就是类型、导演、作品等,自然是因人而异的。宫崎骏导演的作品、新海诚导演的作品、迪士尼公司的动画作品、《小熊维尼》、全部日本动画……另外,每个学生的视点也是不一样的。脚本、色彩设计、登场人物、原作、票房……将这些内容简单列表就会发现,学生们在研究型学习中选择的对象都能归入A—E这五类。具体题材如下:

A.宫崎骏导演作品中的用餐场面
B.新海诚导演作品的色彩设计
C.迪士尼作品中的登场人物(迪士尼公主的比较)
D.《小熊维尼》的原作与电影版
E.日本动画的票房收入

说起来都是"动画",却包含数不清的对象与视点。即使我每年都在呼吁"要小心'作品论'题材

结合研究对象与视点决定题材

对象＼视点	脚本	登场人物	色彩设计	原作	票房收入
宫崎骏导演作品	A				
新海诚导演作品			B		
迪士尼作品		C			
《小熊维尼》				D	
日本动画					E

哦",选择宫崎骏动画的学生仍然源源不断,而且绝不重复,正如论述宫崎骏的书籍数不胜数,题材和视点同样如此。

◆ "去欧洲"是去哪里、做什么?

综上所述,"我要研究动画"就像在说"我要去欧洲",听者也必然会多方追问:"那,你要去欧洲的哪里?""你去欧洲做什么?""动画""游戏""时尚"等词语背后是像欧洲那样的巨大世界,大型图书馆和书店里都会设置若干关于"动画""游戏""时尚"的书架。所谓确定题材,是指在"动画大陆""游戏大陆""时尚大陆"之上回答"去哪里、做什么"这一问题。因此,如果饶有兴趣,就只能进入那些大陆(书架),读遍能够找到的所有资料。题材的范围越窄,就越容易筛选出应读的资料。

也就是说，当我们听到"去哪里"这个问题时，我们不能回答"去欧洲"，而是必须回答"去西班牙的巴塞罗那"。至于"去做什么"的问题，我们不能回答"去观光"，而是必须回答"去看高迪的建筑"。

我简单总结了部分游戏和时尚领域的题材，请参考下方图示。

在游戏与时尚中学习什么？

（摘自初三学生的毕业研究）

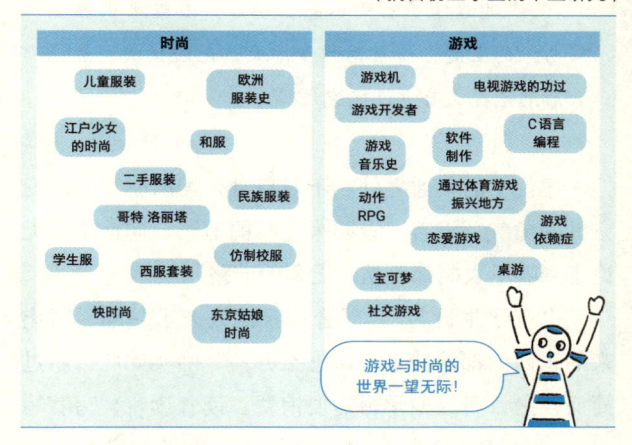

时尚	游戏
儿童服装	游戏机
欧洲服装史	电视游戏的功过
江户少女的时尚	游戏开发者
和服	C语言编程
二手服装	游戏音乐史
民族服装	软件制作
哥特 洛丽塔	动作RPG
学生服	通过体育游戏振兴地方
西服套装	恋爱游戏
仿制校服	游戏依赖症
快时尚	宝可梦
东京姑娘时尚	桌游
	社交游戏

游戏与时尚的世界一望无际！

◆ 浪费与绕远会带来"想学的东西"

本章即将结束。关于领域与题材的选择，让我们来看看即将毕业的初中三年级学生都给后辈们留下了什么样的建议。

"如果读了书觉得没意思,建议尽快改变方向。"

"我在中途两次改变题材,浪费了不少时间。应该尽早确定想要调查的事物。"

"对自己喜欢的东西和事情,不要撒谎,不要隐藏,否则一定会后悔。如果我没有莫名其妙地装出从容,没有偷懒,而是更早地认真应对,那就更好了。"

"我选择了明明不感兴趣却'看起来很容易'的主题,结果写作量增大,无法挽回,最后到了提交日也没能完成。"

建议中的共通之处在于对自身兴趣的率直与改变方针的勇气。沿着"看起来无聊的道路"向前走,无论走到哪里大概都还是"无聊的道路"。

也有学生诉苦:"写着写着就失去了兴趣,写出来的东西全都浪费了,该怎么办?"确实如此。不过简而言之,研究型学习需要浪费。读着读着,写着写着,冒出了"这个不对"的想法,也是前进的一部分。而且就算写出的东西全部浪费,收集资料、制作片段、撰写书籍信息等能力也会得到锻炼,不必那么失望。转换思维、重新学习,原本就能带来好心情,危险的是什么努力都不做,一味想着"只要找到想写的题材就能写出来",也就是那种"莫名其妙的从容"

状态。引发这类态度的"到时候再说病毒"可能也会感染朋友,要格外小心。

研究型学习真是充满谜团啊。不过这里介绍的绕远路与走弯路都是十分重要的。不知诸位有没有这样的经验:眼前出现一条不知通向何处的小路,让人怦然心动,走进去一看,竟然那么有趣!在彷徨的途中,眼前突然一片开阔,想要攀登的山顶就在前方,研究型学习给我们带来的正是这种不可思议的经验。

第3章

调查学习与研究论文的基础

制作片段，搜集信息

在前一章中，我们找到了感兴趣的领域，梳理了选定题材的步骤。由此，我们或许算是找到自主课题了。接下来，本章将介绍完成"调查学习"作品的方法。只要大致确定方针，读完这一章便能立刻开始写作。只有手动起来，大脑才能随之转动。

◆ 调查学习的基本格式

撰写长篇文章，无论如何都需要格式。本书正是根据这样的格式创作的，调查学习也是同理。

❶ 封面、标题与作者

标题之下还可以添加副标题。作者栏要写清学校、班级和提交日期，因为后辈和学校以外的人也有可能成为读者。

❷ 前言

"前言"就像玄关，要写出"自己为什么选择这个问题"的理由、意义以及作品的大致内容。不过，我们不需要从一开始就写好"前言"和标题（不要写），而是要留到最后充分考虑。

❸ 目录

目录就像导览图，也像"缩印图"。这一部分同样需要在全文完成后整理并插入页码。

❹ 正文

将调查的内容分为"章"（有时还要细分为"节"）来表示，本书也是如此。每一章由若干"片段"构成。

调查学习与研究论文的基本格式

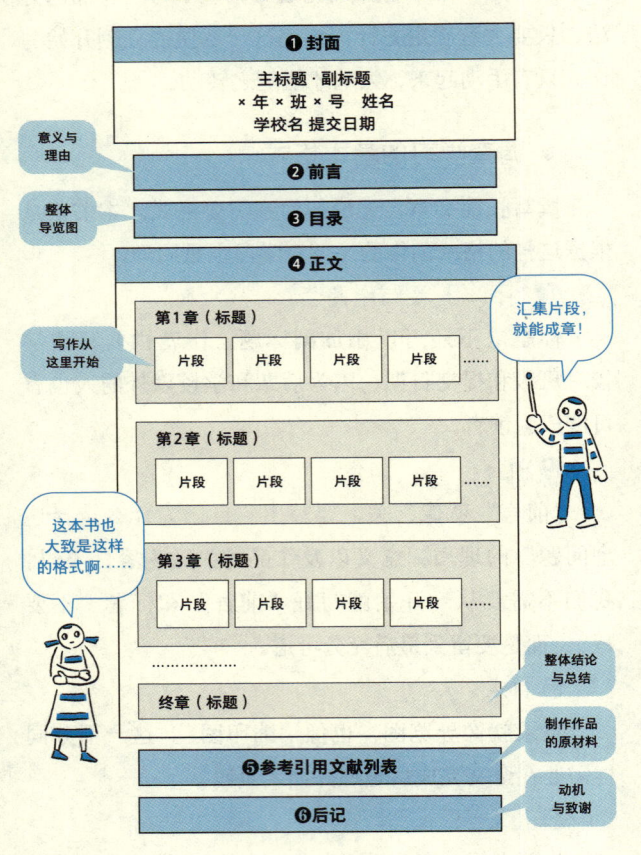

❶ 封面
- 主标题·副标题
- × 年 × 班 × 号　姓名
- 学校名　提交日期

意义与理由 → **❷ 前言**

整体导览图 → **❸ 目录**

❹ 正文

第1章（标题）
| 片段 | 片段 | 片段 | 片段 | …… |

写作从这里开始

汇集片段，就能成章！

第2章（标题）
| 片段 | 片段 | 片段 | 片段 | …… |

这本书也大致是这样的格式啊……

第3章（标题）
| 片段 | 片段 | 片段 | 片段 | …… |

…………

终章（标题）

整体结论与总结

❺ 参考引用文献列表

制作作品的原材料

❻ 后记

动机与致谢

我们一般会从第1章的第一个片段开始写,最后以"终章"结束,总结自己的结论与主张。

❺ 参考引用文献列表

将参考引用的各种文献(书、论文、报纸、网络资料等)按照一定规则制作成一览表(详见第55页)。

❻ 后记

写下选择课题的契机与完成写作的感想,以及接下来的计划和需要感谢的人。

改变一下视角,作品的完成就是从片段到章再到整体的过程。也就是说,调查学习就是制作片段本身。

◆ "片段"制作是一切的基础

在"迷你调查学习"中,我们在引用时写下标题与出处(引用的资料名),添加网络虚拟形象的评论,做成一个片段。片段是作品的基础单位。正如细胞增殖让植物和动物长大一样,随着片段的增加,调查学习也能逐渐推进。

不过,从零开始制作完整片段是非常困难的,尤其是评论的书写。因此最开始引用时,我们只需简单写下所引书籍等资料的号码与页码(这一部分被称为"文献表示")。然后在最后的"参考引用文献列

简单的片段制作方法

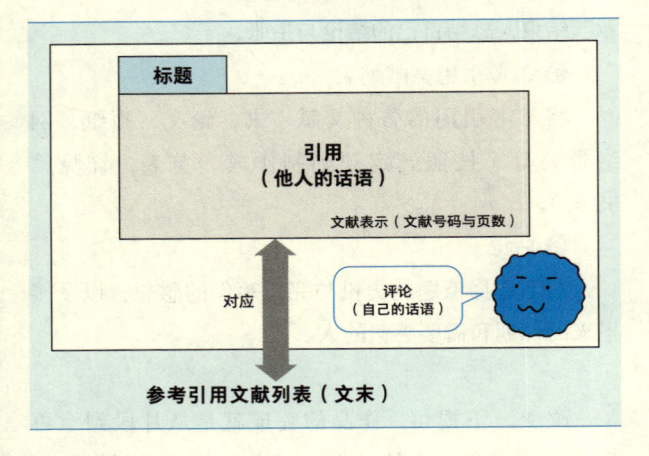

```
┌─────────────────────────────────────────┐
│  标题                                    │
│  ┌───────────────────────────────────┐  │
│  │            引用                    │  │
│  │        （他人的话语）              │  │
│  │                                   │  │
│  │      文献表示（文献号码与页数）    │  │
│  └───────────────────────────────────┘  │
│        ↕         评论                   │
│       对应    （自己的话语）             │
│                                         │
│  参考引用文献列表（文末）                │
└─────────────────────────────────────────┘
```

表"中与文献表示相对应，按照号码顺序制作书籍信息（查找资料所需的详细信息）。简单过程大致如图所示。

将文献表示与相应的书目信息逐一列在参考引用文献中确实烦琐。但是，正因为存在这样的格式，读者才能正确地追查到资料出处，并且充满信任感地阅读作品。正如第1章所写，必须在查阅资料的当时记录出处。随着研究型学习的推进，引用的资料越来越多，很快就无法记住资料来源了。

◆ 正确的片段制作方法——
回答四个问题

关于片段的制作方法，我将在这里稍作详细说明。在一处引用（他人说的话）之上添加以下四项内容，就能做成片段。

（1）"从哪里引用？"（出处）

对照文献表示，撰写参考引用文献列表中所见书籍的书目信息，必须保证能够按照信息反查资料。

（2）"从引用中学到了什么？"（评论）

"从引用中学到了什么？"评论当然要用自己的话，但是需要写下来的不是感想，而是客观意见。

（3）"为什么引用？"（前置内容）

写下引用这一内容的理由。这里也要用自己的话，但是当场就写或许有些困难。如果能收集若干片段，就能根据它们之间的前后关系来书写。

（4）"也就是说？"（标题）

为这一片段要写的内容选择标题。

制作片段的目的在于评论自己所引用的资料。引用的是"别人的话"，是评论的素材，而评论是"自己的话"。评论不断积累，自己的主张就能产生说服力。但如果只有引用而没有评论，那就是"只有调查（复制）的学习"。最开始虽然十分困难，但是只要带着兴趣持续学习,就能总结出属于自己的评论,不可思议吧。

在研究中,像这样区分"自己的话"与"别人的话"非常重要。负责区分工作的是虚拟形象。但是,如果觉得那种形象过于幼稚,又能自己完成区分,就不需要勉强使用,只要用引号标出引用内容就好。此外,本书第55页给出了文献表示与参考引用文献列表的示例。虽然看起来很难,其实关键在于"能否正确无误地追溯到原有文献的相应页码"。

**从引用中回答四个问题,
制作片段**

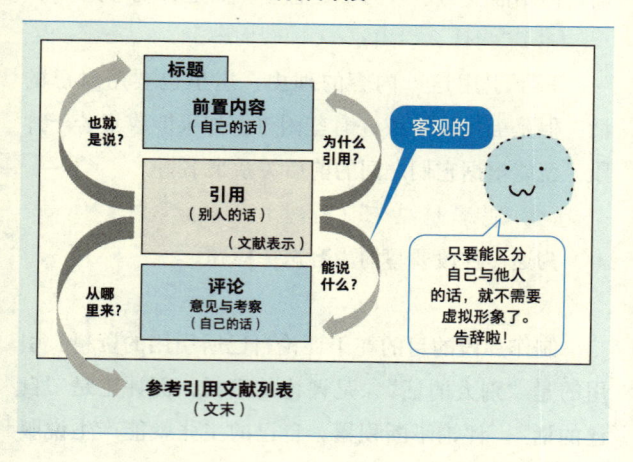

标题	
前置内容(自己的话)	也就是说? / 为什么引用?
引用(别人的话)(文献表示)	
评论 意见与考察(自己的话)	从哪里来? / 能说什么?
参考引用文献列表(文末)	

客观的

只要能区分自己与他人的话,就不需要虚拟形象了。告辞啦!

52

◆ 奠定研究的基础——
从哪里开始制作片段？

在前文中，我们已经了解了调查学习的格式与作为基础的片段的撰写方法。那么，到底该从哪里开始制作片段呢？诸位的手边有贴满便笺的书吗？我们完全可以从"有趣又重要的地方"开始制作片段，但是无论应对哪种题材，下列基础知识都是片段中不可或缺的：

（1）定义与特征（回答"××是什么"）
（2）起源（回答"××是如何开始的"）
（3）历史（回答"××有怎样的发展过程"）
（4）分类（回答"××有多少种类或区别"）
（5）现状（回答"××现在如何"）

题材不同，调查起来的难度也不同。但是第一项定义与特征，还是希望诸位能从多份资料中引用与比较。有人或许已经使用了国语辞典和《综合百科全书POPLARDIA》，那么挑战一下更难的《世界大百科事典》怎么样？除了定义，或许还能一口气完成第二项到第四项。关于第五项，请尽量拿到最新的资料和统计数据，因此可以考虑借助网络。

两个片段示例

[标题]

[前置内容]

支撑卡拉OK的业界

卡拉OK是小学生也能参与的大众娱乐[3]。到底是什么样的业界形态支撑着卡拉OK呢。

> 有作为卡拉OK产业基础的酒吧、居酒屋的夜间市场、包厢与咖啡厅的日间市场、宴会厅、疗养院、酒店、观光巴士等组成的商业市场,(中略)负责上游内容(作曲作词)的创作者,从软件生产商到卡拉OK机器制造商、(中略)负责下游卡拉OK设备安装与维修的经销商以及现场餐饮娱乐服务的提供者。(中略)简直就像大杂烩。(①,p.12—15)

[看起来像论文了!]

[与引用内容之间要空行]

[文献表示]

也就是说,这些不同的行业从不同的方向支撑着卡拉OK产业。资金当然会在其中流动,根据这位作者的试算,卡拉OK业界拥有约1兆日元的市值。

[评论]

在卡拉OK唱歌的人们

与此同时,到底有多少人在使用卡拉OK呢。根据一般社团法人全国卡拉OK事业者协会的《卡拉OK参与人口与卡拉OK包间数量的推移》,2019年度的卡拉OK参与人数"推测大约为4650万人"(②,线上)。全日本近四成的人在卡拉OK唱歌。

[用书名号引用]

[文献表示]

①前川洋一郎(2009)《卡拉OK进化论》广济堂出版
②一般社团法人全国卡拉OK事业者协会(2020)
《卡拉OK业界概要与市场规模》
http://www.karaoke.or.jp/05hakusyo/2020/p1.php(2021年6月1日参照)

[参考引用文献列表]

3　我国的卡拉OK禁止未成年人进入。本书内容仅针对日本国情。

文献表示与参考引用文献列表的写作方法

这里按照资料的种类列举了基本的写作方法(有底色的部分)与具体示例。上段为"文献表示"(附在引文和摘要的最后),下段为相应的"参考引用文献列表"。

◆ 一般图书 ◆
(文献号码,p.●) (例)(①,p.12—15) 〔文献表示〕
文献号码 著者名(出版年份)《书名:副书名》出版社 〔参考引用文献列表〕
(例) ①前川洋一郎(2009)《卡拉OK进化论》广济堂出版

◆ 百科全书与辞典 ◆
(文献号码,p.●) (例)(②,p.281)
文献号码 项目的执笔者名(出版年份)"条目名"《辞典名》出版社
(例) ②金田一春彦主编(2019)"卡拉OK"《新彩虹小学国语辞典》学研PLUS   *没有项目执笔者的时候要写主编等人的名字。

◆ 论文与杂志文章 ◆
(文献号码,p.●) (例)(③,p.51)
文献号码 执笔者名(发行年)《文章(论文)名》《杂志名》(特辑名)卷号
(例) ③锻冶博之(2010)《卡拉OK商品史(1)》《社会科学》第40卷第3号   *网络上的PDF版论文也可采用此种书写方式。

◆ 报纸文章 ◆
(文献号码,●版) (例)(④,5版)
文献号码《报纸名》(年月日 晨·晚报)《文章标题》
(例) ④《朝日新闻》(2018.11.4 晨报,名古屋本社版)《卡拉OK助力福祉》

◆ 网络资料 ◆
(文献号码,线上) (例)(⑤,线上)
文献号码 发布者(更新年月日)《文章标题》URL(参照年月日)
(例) ⑤日本卡拉OK包间协会联合会(2016)《卡拉OK包间关于防范青少年犯罪的自主运营准则》
http://www.jkba.or.jp/uploads/news/a9be98629beb5f4156a39df1e69d6550.pdf(2021年5月24日参照)

通常的文献表示包括著者(编者)的名字、出版年份和页数。不过本书使用文献号码①、②来代替,即使手抄也很方便。

55　　第3章　调查学习与研究论文的基础　制作片段,搜集信息

◆ 如果怎么也写不出片段的评论——
将感想转化为意见

片段中最难的当然是评论，因为叙述客观意见时必须思考这一问题："此处引用对自己的研究到底有什么意义呢？"如果只是愉快地阅读摘抄资料，是不会产生评论的。我在这里将尝试追溯评论产生的过程。关键在于如何将"内心的声音"转化为感想与意见。

❶ 产生"感叹词"就要引用

"啊！""哎——""咦——"有时，我们会遇到一些打动我们内心，让我们的大脑生成各种"感叹词"的文章。先从那些文章开始引用。

❷ 简单"概括"引用的内容

阅读引用的文章，试着写出文章大意。以"也就是说""简而言之"来开头更容易写。

❸ 将感叹词翻译为"感想"

在概括的同时，尝试将感叹词翻译为具体的"感想"。"啊"是"惊讶"，"哎"是"赞同"，"咦"是"好像有点儿奇怪"。

❹ 以接续词为线索，将感想转化成客观意见

感想已经有了，接下来就要思考这类问题："我为什么会产生这样的感想？""所以呢？""接下来呢？"这里能够使用的是各种接续词。请在图中所示的各种接续词后写下近似意见的感想及依据。简而言

从"啊"变成评论

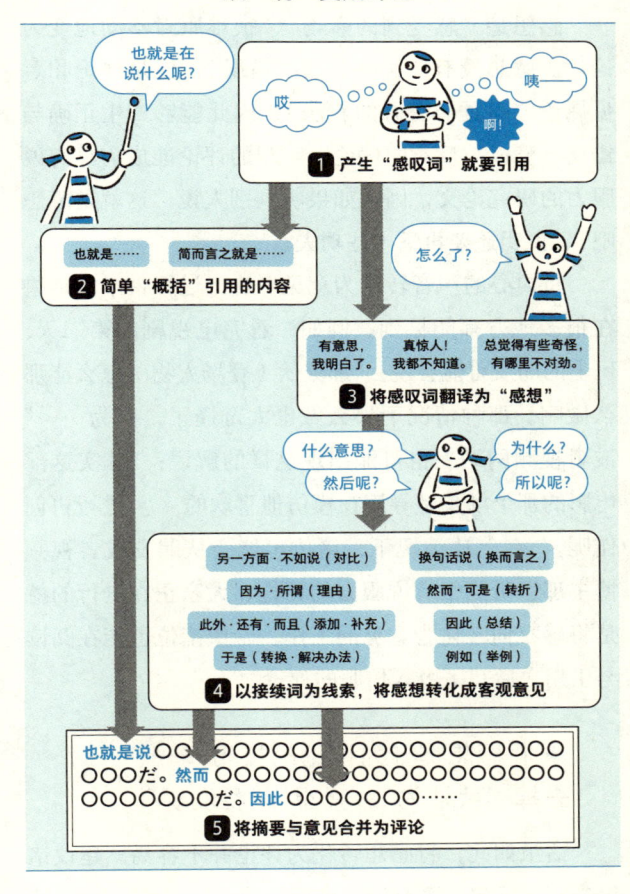

- 也就是在说什么呢?
- 哎——
- 咦——
- 啊!

1 产生"感叹词"就要引用

- 也就是……
- 简而言之就是……

2 简单"概括"引用的内容

- 怎么了?
- 有意思,我明白了。
- 真惊人!我都不知道。
- 总觉得有些奇怪,有哪里不对劲。

3 将感叹词翻译为"感想"

- 什么意思?
- 为什么?
- 然后呢?
- 所以呢?

- 另一方面·不如说(对比)
- 换句话说(换而言之)
- 因为·所谓(理由)
- 然而·可是(转折)
- 此外·还有·而且(添加·补充)
- 因此(总结)
- 于是(转换·解决办法)
- 例如(举例)

4 以接续词为线索,将感想转化成客观意见

也就是说○○……

5 将摘要与意见合并为评论

第 3 章 调查学习与研究论文的基础 制作片段,搜集信息之，评论就是将内心的声音转化为感想和意见。经过这样的积累，才能创造自己的话语与思考。

感想是"感受到的事物"，很难原封不动地变为论述。感想没有"正确"或"错误"，但是评论和意见属于"对是非善恶的看法"，因此能够产生正确与错误、赞成与反对的评论。客观的评论能成为具有说服力的研究论文，因此如果听到别人说"这就是感想吧"，说明还要再下一些功夫。

将内心的声音转化为意见，这一过程带来的结果在很多地方都能见到。例如，看完电视剧的第二天，班上的朋友可能会说："那家伙（登场人物）怎么能那么做啊。那种情况下那么做也太奇怪了，因为……"或者视频网站上也可能出现这样的解说："其实这部电影的那个场景是导演在模仿他喜欢的××进行再创作呢。"在上述情况下，诸位可能会从朋友或者视频博主那里听到很有说服力的评论，大家正在进行的就是将感叹词转化为意见的工作。希望诸位也能在阅读与引用之后写下令人信服的评论。

◆ 将感想提升为评论的技巧——
去掉"我认为""我想""我发现"

话虽如此，将感想转化为评论并不容易。建议诸位先写下感想，再对词句进行修改。

最先需要删除的是"我认为"和"我想"。评论无论何时都是作者（诸位）"认为"和"想"的事情，所以不需要这些表述。但是，如果删除这些词语直接表达，总会觉得有些不安。如果因为这样的担心而无法顺畅表达，那就稍微再思考一下。要是对自己的意见没有信心，就会想要开辟一条"只是这么认为""只是这么想"的逃跑之路。

其次要去掉"我发现了……的情况"。评论的前提是诸位已经"发现"并接受，因此没有必要特意写出。顺便也要把"情况"[4]二字去掉，换成别的词语。不少人都习惯在文中到处使用"情况"，成了"情况先生"。明明是要调整文章的节奏，却加入了许多"情况"。只要全部去掉，就能像刷过牙一样变得清清爽爽。

接下来，还要删除文章中的"也许""大概"。这些词都会为文章带来一种暧昧的氛围。果断拿掉必然会带来紧张感，但是就和去掉"我认为""我想"一样，诸位需要养成清晰表达的习惯。

◆ 为了片段而让冰山变大——
增长知识才能写出评论

也许有人正抱有这样的烦恼："就算你那么说，可是我根本就没有感想啊。"在这里，请诸位将评论

4　"情况"对应的日语原文是こと。此处修改意见和日语语法有关。

想象成一座"冰山"。

同样体积的冰比水更轻,因此有10%左右的冰会以冰山的形式露出海面。如果看到冰山,就意味着下方有更大的冰,这就是所谓"冰山一角"。我们将水面下的冰看作"知识",如果知识量增加,冰山(评论)就会变大。那么,该如何让冰(知识)变大呢?最基本的方法就是读书,有时还可以活用电视节目或网络视频。总而言之,我们要读、写、听,越是能感觉到"哎——""原来如此",知识就会越多。这些感叹词就是知识(冰)正在增加的证据。

但是,当知识进一步增多时,"哎——(关心)"与"原来如此(接受)"之间就会出现不同的词语,包括"正是如此(肯定)""我知道那个,果然是这样啊(确认)""还有那种说法啊,真好(发现)"。一旦能对那些信息做出"评论",就证明已经掌握了相当的知识。然后到了某个时刻,我们就会停下翻书的手,开始冒出这样的话:"啊,是这么回事啊。(转换说法)""不觉得有些不对劲/奇怪吗?(质疑)""无法接受。(批判)"从这些解释、评论与思考中,一定能产生出色的评论。

简单说来,书本的呼唤(call)与对呼唤的回应(response)加深了人们的认识,并产生了评论。其证据可能是贴在书中的便笺数量增加,如果是自己的书,则可能是在书中写下的批注增加(给书中写批注

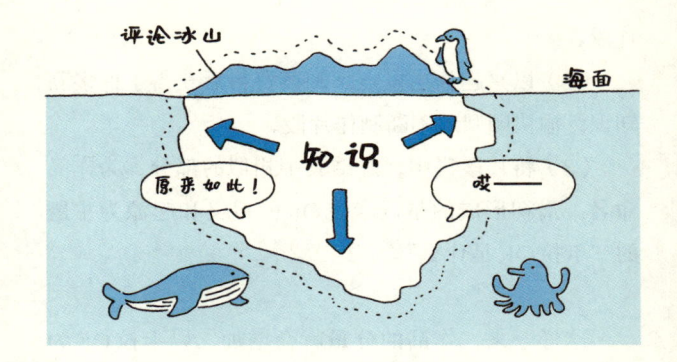

不是坏事，有批注的书价值肯定高于没有的）。

但是，如果在读书时"没有呼唤也没有回应"，又会怎么样呢？知识不会增加，评论也不会产生，冰依旧是小小的一块。偶像（书）明明在呼唤，观众（诸位）却没有回应，还真是一场毫无兴致的演唱会（读书）呢。

◆ 片段增加，形成小节，
从"章"迈向完整作品

调查学习的培养途径多种多样。在大多数情况下，通过学习自己"感兴趣""喜欢"的领域，可以缩小题材范围，增加知识。

让我们再次以"卡拉OK"的研究型学习为例。

（1）学生喜欢卡拉OK，阅读基础资料后制作片段。

(2)以兴趣为出发点。阅读资料后获得了许多新知识,愉快顺利地不断制作片段。

(3)将片段集中,总结其中相似的部分,为作品命名。最初形成的是以卡拉OK的定义和起源为主题的"卡拉OK是什么"。

这样一来,作品的分量就会增加。以卡拉OK为题材的"调查学习"如图所示,是由四章内容和最终章共同组成的作品。这类遵循规则与格式的作品同样可以作为"课题报告",只不过课题报告汇报的是学习内容。如果大学里布置了"写一篇关于卡拉OK的报告"这样的作业,那么以上作品一定能够取得优异的成绩。

研究型学习的作品撰写过程就像一棵树的成长。通过根部汇聚的营养(信息)培育出叶子(片段),片段整合为枝条(章),最后形成树干(自主课题)。

◆ 活用图书馆与网络资料制作片段

接下来让我们转换视角,介绍收集信息的方法。

首先是图书馆。找到兴趣所在领域的相关书籍全面阅读,正如第2章所介绍的,如果不能选定题材,就无法推进研究型学习。决定方向后,我们可以借出能够巩固基础知识的三本书。也许这类书的数量

1 从一个片段开始

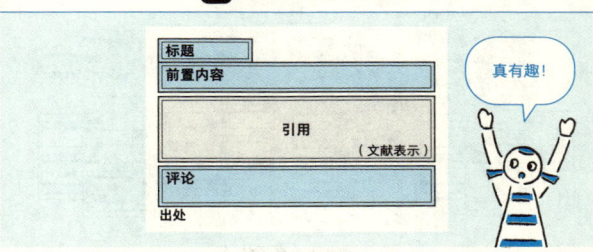

标题	
前置内容	
引用	（文献表示）
评论	
出处	

真有趣！

2 片段因喜爱与趣味而增加

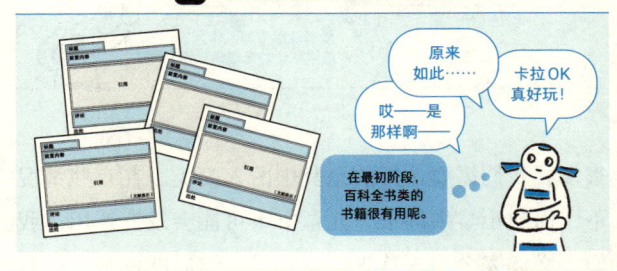

原来如此……

卡拉OK真好玩！

哎——是那样啊——

在最初阶段，百科全书类的书籍很有用呢。

3 汇集片段，形成"章"

卡拉OK是什么？

"章"从定义与特征中生成，可以试着取个标题哦。

片段不断增加！

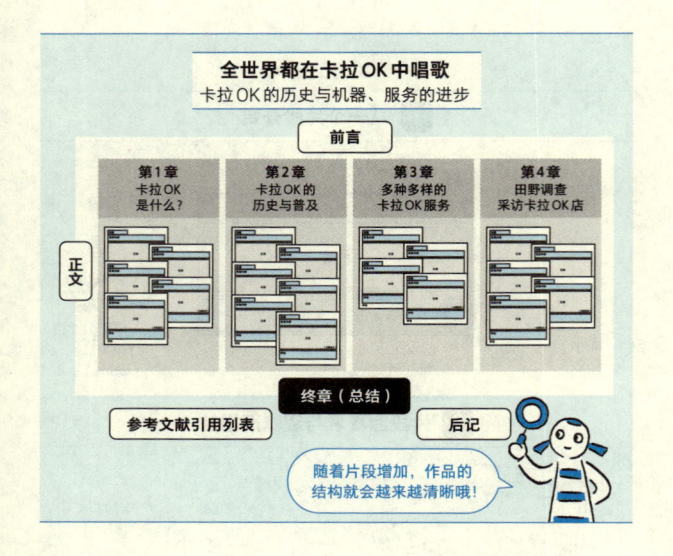

```
┌─────────────────────────────────────────────────┐
│           全世界都在卡拉OK中唱歌                  │
│        卡拉OK的历史与机器、服务的进步             │
│                                                 │
│                    前言                         │
│                                                 │
│   第1章      第2章       第3章       第4章      │
│   卡拉OK    卡拉OK的    多种多样的   田野调查    │
│   是什么？  历史与普及   卡拉OK服务  采访卡拉OK店│
│                                                 │
│                  终章（总结）                    │
│                                                 │
│   参考文献引用列表              后记             │
└─────────────────────────────────────────────────┘
```

> 随着片段增加，作品的结构就会越来越清晰哦！

很多，我们需要选择的是其中的入门类。在有些情况下，面向小学生的书（儿童书）可能会发挥作用。我们不必读完全书，首先浏览目录，然后阅读看起来有趣的地方。该领域中的关键词往往会反复出现，不知不觉中便能掌握。

与此同时，我们还要活用网络。如下文所述，虽然不能直接引用维基百科，但是我们可以从中了解整个领域的概况，理解专业术语，确认相关内容。近来，网络上也出现了各种各样的视频，只要进行检索，或许就能意外获得已经总结得当的知识。此类内容在引用时必须慎重，但对快速增加知识十分有益。

借到了有趣的书自然安心，可是如果读起来没什么乐趣，也不容易理解，就必须重新找书。若是不愿继续查找，那么就此与这个题材告别也无妨。每个人都最清楚自己"没兴趣"的感觉。"我和这个题材没有缘啊。"只要能够理解这点，继续前进，就能做到干脆利索的方针转换。

在跨越各种难关，推进研究型学习的过程中。手边的书籍会越来越多。不过越是缩小题材范围，就越会产生"想要某种资料"的强烈感觉。在这种情况下，我们必须瞄准某些材料进行收集，而图书馆管理员将会在此时发挥他们的出色能力。

◆ 在图书馆咨询

在使用图书馆的人中，很少有人能够活用"与管理员商量，请对方帮忙寻找材料"的咨询服务（提供参考的业务）。一般人都认为，只要会检索，就能自行找到图书馆里的书。但是，有些图书馆的书籍和杂志多达几十万册，有些藏书室还不能进入（闭架书库），在图书馆中毫无遗漏地寻找信息是相当困难的。这时需要的就是管理员。不要顾虑，勇敢地站到咨询柜台前，说出"我想了解关于××的信息……"。管理员始终都在等待查找资料的人。他们是信息专家，不但能帮助我们在图书馆内查询，还能将查询范围扩

图书馆入门——书籍的分类
了解"日本十进制分类法（NDC）"[5]

图书馆里陈列着经过整理的书籍，因此作用很大。请诸位想象一下这样的房间：书籍和图书馆里的一样，却未经整理。谁会在那种地方找书呢。

图书馆书籍的书脊上贴有"索书号（分类号码）"，通过索书号可以获知书籍内容与所在位置，十分方便。索书号是根据"日本十进制分类法（NDC）"编排的。例如关于熊猫的书，索书号是489。前面的4指自然科学，其中48为动物学，然后再细分出的489为包含熊猫在内的哺乳动物书籍。

书籍按照分类号码在书架上排列。站在书架前就会发现，所有书籍都是按照这一规则从书架左上方向右下方整齐排列的。只要对规则稍加熟悉，就能在日本的任一图书馆中找到相关领域的书架。

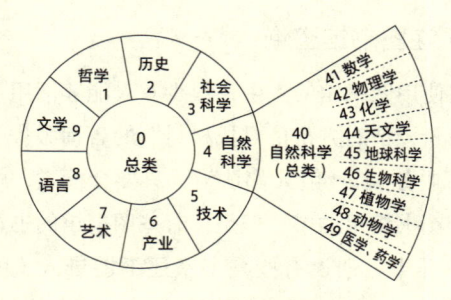

```
4    ⇒自然科学书籍
4 8  ⇒动物学书籍
4 8 9 ⇒哺乳类动物书籍
```

日本十进制分类法（NDC）的结构

---

[5] 中国采用的是中国图书馆分类法（CLC）。具体分类方法可参考 www.clcindex.com

展到市内、县[6]内甚至全国，以及整个互联网。

◆ 网络信息麻烦又可疑！

也许有人会这么想：虽然老师说'网络很可疑，不能信'，可是一句句写、一句句输入太麻烦了，还是从网上复制粘贴快点儿搞定吧……确实，互联网上也有信息。那么，看似简单的网络为什么"麻烦"呢？

（1）确认信息的可靠性很麻烦

正如人们常说的，从网上选择可以信赖的信息十分困难。简单来说，在检索栏中输入关键词后立刻出现的信息是无法引用的。不花费一定时间，就无法找到可靠的信息。我以前曾经见到有大学生写过"（出处）谷歌""（参考文献）NAVER总结"，但那属于例外。下列网络信息原则上是不可引用的：

> 个人网站/匿名网站/总结类网站/YouTube等视频/社交媒体信息/维基百科/大学生发表的论文

话虽如此，维基百科和大学生发表的论文经常能在文献查询过程中发挥作用，因此这类信息可以作

6　日本的县相当于中国的省级行政区。

为参考。

比较值得信赖的信息查询并非"直接输入检索框",而是需要如下加工过程。例如,加上"PDF"字样后以打印为前提检索PDF文档,加上域名后检索国家和大学发布的信息,或是从专业的论文网站中检索。

> PDF检索／go.jp和ac.jp等域名检索／能够查找论文的网站,如CiNii、谷歌学术等

总而言之,想要从网络上引用,最好请老师或图书馆管理员帮忙确认,避免事后出现问题。

(2)写清出处很麻烦

引用网络报道,出处要这样写:

> **制作网页的人名／团体名(更新日期)《报道标题》URL(参照日期)**
> (例)日本卡拉OK包间协会联合会(2016)《卡拉OK包间关于防范青少年犯罪的自主运营准则》http://www.jkba.or.jp/uploads/news/a9be98629beb5f4156a39df1e69d6550.pdf(2021年5月24日参照)

这比引用书籍的时候要麻烦多了吧。首先,我们不能使用网页制作人,也就是发布者身份不明的信息。此外,更新日期不明的信息也有很多。在文章标

题和链接之后，我们还要写上"发现该信息的日期（参照日期）"，因为网络上的内容可能会在第二天就发生改变。顺便一提，刊登在杂志上的论文PDF版与纸质论文基本相同，可以放心使用。

（3）再现性十分可疑

网络资料的最大问题就在于"再现性"。也就是说，"想要再看一遍引用的资料，结果消失了"的案例非常多。例如"引用行政机关网页上的论文"，经调查发现，五年后同一信息仍然存在于同一网址的情况仅占四成。当然，那些不可靠的信息是不能出现在作品或论文中的。

*国立国会图书馆（2016.1.20）《网络资料收集保存事业》

https://warp.da.ndl.go.jp/contents/reccommend/collection/linkrot.html（2021年6月23日参照）

信息的可信度、出处的记述与再现性，网络信息无论在哪个方面都不好处理。简单来说，研究型学习的入门者最好还是从书本中引用资料。毕竟那些信息经过了编辑等若干人的检查，记录出处十分容易，资料本身也不会消失。不过，如果诸位能充分理解网络的各种难点，那么毫无疑问，网络将成为诸位查找资料最强有力的工具。

第 4 章

通过田野调查和项目了解现实

利用图书馆和网络做调查，是研究型学习中不可或缺的。可是那种脱离实际的学习并不是真正的学习。无论选择什么题材，希望诸位都能与人或物直接接触，从实际生活中学习。采访他人是不错的选择，尝试实验、烹饪、栽培、调查或制造，也都充满乐趣。简而言之，我们要在"现场"学习。只有现场的学习才是作品的独创性之源。而且现场会让学习过程充实饱满，为我们带来最难忘的回忆。

在本章中，我们将区分两种概念：一是外出采访或亲临现场进行学习的"田野调查"；二是以自己家为中心通过体验进行学习的"项目"。

◆ 去做田野调查吧

在做田野调查（采访）之前，有两件事非常重要。首先，请自行寻找并联系采访对象，别人帮忙做好事前准备的不能称为真正的田野调查；其次，如果情况允许，请提前一个月联系采访对象。接下来，我将会介绍田野调查的步骤。无论去哪里采访，这个程序都不会改变。

❶制作计划书

采访对象多种多样，有学者、企业、行业团体、政治家和儿童园地、教育委员会或专科学校等教育机构，还有医疗福利设施和作家……无论想去哪里，想和什么人见面，都要在形成想法后制作计划书，请老师和监护人确认。申请采访可能遭到拒绝，所以最好准备两个方案。

❷事先调查

关于采访对象，我们应该尽可能进行事先调查。采访不是小学生的社会采风，提问时涉及那些一查就知道的常识内容是很没有礼貌的（受访者会想"那种书你倒是自己读啊"）。相反，提问越是清晰准确，就越能获得对方信任。只要把自己想象成接受采访的一方，就能明白这点。

❸申请采访

通过密封好的信件申请采访。如果时间有限，也可以考虑发邮件。另外，突然打电话会打扰对方，应该避免。

最重要的就是信件的内容。形式上的部分可以参照模板，但是以下三点必须表达清楚：①选择该项研究并申请采访的理由；②问题列表（之后可以修改）；③此前的学习内容。

我们无法预判对方会不会回复，会不会接受采访，但是我们可以通过一些方法提高概率，例如提高信件的"认真度"。在阅读信件的过程中，对方（采访对象）始终都在观察我们的认真程度，从信件内容中推测我们的问题意识与知识储备，因此我们最好让对方产生这样的想法：学习热情如此高涨，可不能不

田野调查的步骤

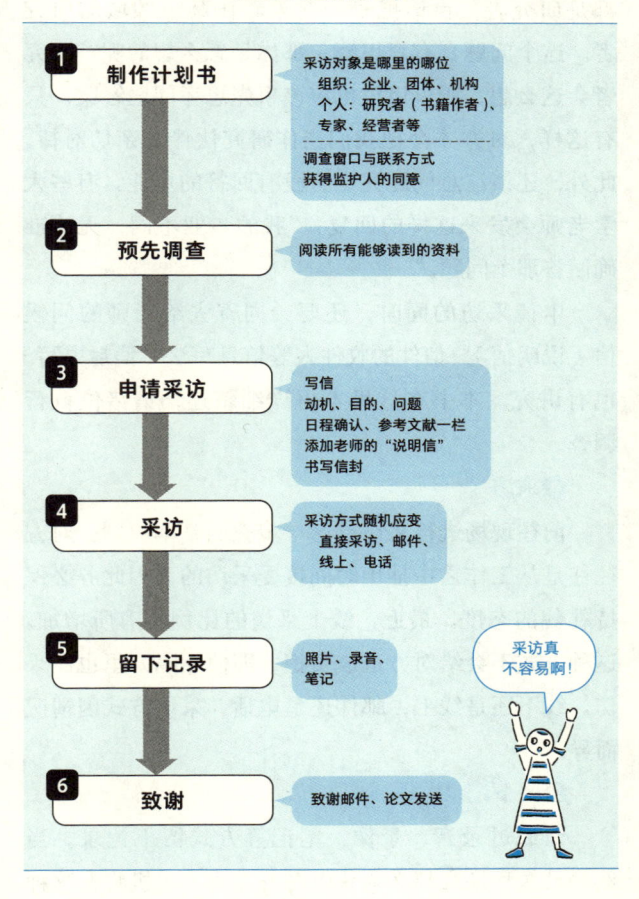

1 制作计划书
- 采访对象是哪里的哪位
  - 组织：企业、团体、机构
  - 个人：研究者（书籍作者）、专家、经营者等
- 调查窗口与联系方式
- 获得监护人的同意

2 预先调查
- 阅读所有能够读到的资料

3 申请采访
- 写信
- 动机、目的、问题
- 日程确认、参考文献一栏
- 添加老师的"说明信"
- 书写信封

4 采访
- 采访方式随机应变
- 直接采访、邮件、线上、电话

5 留下记录
- 照片、录音、笔记

采访真不容易啊！

6 致谢
- 致谢邮件、论文发送

75　　第 4 章　通过田野调查和项目了解现实

理这个学生。

与此同时，采访并非"儿童电话咨询室"。诸位都是研究者，也请把采访对象看作某一领域的研究者。这个问题真有意思啊，那你是怎么想的呢？研究者会这么想，所以诸位也应该事先思考问题答案。只有这样，对方才会把我们当作研究伙伴来亲切对待。此外，还请注意问题究竟有没有回答的可能。有些大学老师会发来这样的回复："我的专业不同，无法准确回答那个问题。"

申请采访的同时，还要一同寄去给老师的问候信（说明信）。信件的收件人等信息写法（信封书写）也有讲究，本书在这里不再详细叙述，请诸位自行调查。

❹采访

前往现场进行采访是这一步骤的基本原则。对方往往是从工作之中抽出时间接受采访的，因此务必保持礼貌的态度。最近，线上采访的比例也有所增加。这种方式不会给对方造成负担，即使相隔万里也能采访。线下还是线上，邮件还是电话，采访方式因情况而异。

❺留下记录

请通过录音、录像、笔记等方式留下记录。当然，录像和录音都必须获得对方许可。手机将在这种时候发挥很大作用，希望诸位平时熟悉相关操作。此

田野调查计划书示例

题材・主题
安全安心的卡拉OK服务背后的措施

田野调查（第一方案）

采访对象的名称（大学、企业等）・职务（学部、部署）・姓名

株式会社卡拉OK连锁 ×× 董事长 ×× 先生

*尽可能具体记录。如果有客户服务中心也可利用。
也存在同时记录董事长与负责人的情况。

在哪里、如何进行采访（地址、最近车站等交通方式）

住　　　　址　　邮编 ×××-××××
　　　　　　　　东京都××区××××-××-××
电　　　　话　　03-××××-××××　邮箱地址 ****@****
交通方式・路线　××线××站下车　徒步2分钟

为何选择该采访对象（理由与提问）

该公司属于大型卡拉OK连锁店，而且已经上市，可以清楚查到实际经营状况。此外，该公司还提供无障碍卡拉OK等能让更多人安心利用卡拉OK的服务。

- 了解卡拉OK中发生纠纷的状况与防治策略。
- 如何关照低龄利用者。
- 无障碍卡拉OK是贵公司的特色，请问这一想法的出现源于怎样的契机。
- 请介绍与其他公司不同的服务与特点。

> 如果打算进行项目型研究，计划书中还要包含地点、材料、方法和预算等内容。

*第二方案及后续省略

77　　第4章　通过田野调查和项目了解现实

外，采访当天还要尽量拿到对方的名片，因为上面记载着对方的公司、职位和联系方式。在报告书中正确写出对方的职位和姓名是理所当然的礼仪。

❻ 致谢

采访结束后，应该尽快发送致谢邮件，还要将完成的作品连同感谢信一起寄给对方。发送PDF文件也可以。（最近还有学生说："受到了对方的特别关照，我要直接送过去。"）无论何种方式，对方都会乐于接受。

为了完成安全的田野调查，请诸位遵守以下四点：首先，做到对监护人的"报告、联络、商谈"，采访场所、日程和内容自不用说，当天的回家时间也要提前确定，带好手机，保证能随时取得联系；其次，不要单独采访，采取集体行动，既能预防麻烦的发生，也能避免采访中出现冷场，如果担心，可以请监护人护送；再次，慎重选择采访对象，不能仅凭对方有官方网站就立刻联系，一定要和老师商量后再作决定；最后，要避免家人或熟人介绍的采访对象，总是依赖监护人，就无法自行打开田野调查的大门。

田野调查就像学校的课程一样，常常无法按照计划进行。好不容易写好信寄给大企业，却连回信都收不到（如果出现那种情况，请在报告书上注明

采访申请信示例

××公司（××大学　××院系）
董事长　××先生/女士（××负责人、××老师）

> 正确书写姓名与职务。

（空一行）

敬启者

　　牵牛花盛开，暑意渐增，

　　初次见面，我叫××，是××的××市××学校的×年级学生。我想通过这封信申请邀您接受采访。

　　我所就读的××学校有一门名为"综合研究时间"的课程，需要学生根据兴趣设定主题，用一年时间完成研究。因此，我决定学习从很久以前就十分感兴趣的卡拉OK相关知识。"安全安心的卡拉OK服务背后的措施"是我的研究主题。

　　为什么会选择这样的主题，是因为……（此处结合研究型学习计划书的动机与意义，尽可能详细书写）

　　这次，我还想学习书本中没有的东西，因此希望能到贵公司的分店进行采访。如果可以，我希望能了解到以下内容：

（空一行）

・针对来店的中小学生和未成年人的关照措施。
・卡拉OK的目标是成为所有人都可以享受的安全娱乐，不过我对贵公司的特色之一，即无障碍卡拉OK也十分好奇。为什么会出现这项服务？我还想了解利用者的情况与具体的服务内容。
……

（空一行）

　　我想在×月×日～×日那周与另一名同学一起前来采访。如果情况允许，还请告知合适的日期和时间。

　　百忙之中多有打扰，实在抱歉，还请多多关照。

敬上

（空一行）

××年×月×日
×立××学校×年×班×号
姓　名

联系方式
（学校邮箱、自家电话号码、自家地址……）
*******@stu.******.ed.jp

以下是我已经阅读的参考书目：
乌贺阳弘道（2008）《卡拉OK秘史——打造创意的世界革命》新潮新书
周朗、弗朗切斯卡・塔罗科（2008）《卡拉OK化的世界》青土社
野口恒（2005）《卡拉OK文化产业论——创造21世纪的"生存价值社会"》PHP研究所
……

> 简单的自我介绍与采访请求。

> 上了什么课，抱有什么兴趣，学习了什么主题，为何想要采访。

> 问题逐条写出，最好包含自己的推测与意见。

> 设定尽可能充裕的采访日程，可选日期最好超过四天，不是连续日期也没关系。

> 联系方式
> 必须写上邮箱地址，信件寄出后需每天查看邮箱。

> 手写签名。

> 全部内容最好呈现在两张A4纸，"敬上"前的正文长度一定要超过第一张纸。

> "已经阅读的参考书目"一栏可提高信任度，展现学习热情。

> 认真的信件一定会打动对方的心！

79　　第4章　通过田野调查和项目了解现实

"没有回信")。若是两周内都没有收到回信,那么发邮件催促就不算失礼。信件辗转四处导致回复延迟的情况也会发生。如果催促后依然没有回信,那就放弃。

◆ 各种田野调查及其问题

在这里,让我们从最近的采访案例开始看起。

> 就博彩问题采访大阪维新会的市议会议员与日本共产党的众议院议员/采访京都府的鸸鹋饲养人,观看喂食、打扫和训练/采访两组家中有婴儿的母亲/就商品开发问题采访西点协会的三位西点师/采访导盲犬训练所/在大阪府立中央图书馆查阅Popteen杂志,调查"辣妹"现象/参加乡村保护活动/前往监狱采访刑务官与福祉专员……

田野调查属于正式采访,即使是中学生,也会被当作大人。现实中还发生过多个大人为前来采访的学生制作资料、认真应对的情况。但是,田野调查毕竟涉及现实社会,社会中可能发生的事,在田野调查中也可能发生。上一页写出了实际发生过的各种问题,几乎所有责任都在学生一方。

田野调查问题摘录
——全部都是真实故事

◆ 打错邮箱地址 ◆

对方的邮件回复发给了另一名与采访人邮箱地址相似的学生。信件寄出前要多次确认邮箱地址。

◆ 没有查看邮箱 ◆

曾有学生给我打来电话:"我忘了看邮箱,没有发现一周前发来的采访许可(哭)。"平时不常使用的邮箱地址容易带来麻烦,寄出信件后一定要每天查看。

◆ 让人尴尬的邮件署名与图标 ◆

有个学生与大学老师通过邮件交流,却忘记邮件署名里还有个骷髅图标,慌忙来找我商量。用来当作图标的偶像和动画图像也十分让人尴尬。

◆ 弄错采访日程·迟到 ◆

采访的时间和地点最重要,即使经过认真确认也有可能弄错。还有可能遇到电车事故导致迟到的情况。这种时候直接联系对方也不算失礼。

◆ 提前三个小时到达,时间过早 ◆

因紧张而提前三个小时到达,只能在周围散步拍照。即使需要早到,也不能提前得太多,一般准点或者提前几分钟即可。

◆ 因没有事先读书遭到批评 ◆

与著名学者联系,结果遭到对方批评:"如果申请采访或面谈,要先阅读作品。'你的书我一本都没读过,但是就想采访你。'这样是非常失礼的。"道歉后再度向对方申请采访,结果没能实现。

◆ 因信封上的书写遭到批评 ◆

在信封上使用修正带,结果被批评为"失礼"。后来寄去道歉信,最终顺利完成采访。

◆ 通过田野调查推进研究型学习

尽管存在诸多问题，田野调查对研究型学习的帮助也是不容忽视的。那个选择卡拉OK主题的学生后来怎么样了呢？在学习卡拉OK历史的过程中，那个学生对卡拉OK机器与安全安心的服务水准产生了兴趣，于是申请采访大型卡拉OK连锁店。在将研究动机与提问整理完毕寄到东京的总公司后，很快便如愿以偿获得了大阪分店的采访许可。接受采访的经理强调了食品卫生的重要性（那位经理好像曾是厨师），还介绍了应对多种需求的服务，包括一个人唱歌的"个人卡拉"、面向老年人的活动、午餐供应以及为乐器演奏者提供场地，还有无障碍卡拉OK（提供盲文歌单）和儿童房间。为了所有人都能安全舒适地享受其中，公司下了很多功夫。

回想起来，学生去的每家卡拉OK都有玻璃门和监控摄像头，因此卡拉OK可以说是小学生也能独自享受的娱乐。然而，在新闻数据库中检索"卡拉OK"，就能找到许多关于暴力案件的旧闻。向年长的人打听也能发现，过去的卡拉OK往往与烟酒同时出现，给人的印象并不好。那么，卡拉OK如今为什么会变成安全的娱乐方式呢？田野调查就这样为下一章的内容"研究论文的主题（问题）设定"带来了灵感。

◆ 来自前辈的田野调查经验

田野调查是研究型学习中最难忘的环节,前辈的记录与留给后辈的建议传递出彼时的紧张与喜悦,值得在此介绍一番。括号内是研究型学习的题材。

"我去采访了大学老师。那位老师为我进行了模拟授课,课后还带我参观了保管药材的地方。但是,由于我的知识不足,结束采访继续研究时,出现的问题越来越多。"(中药)

"我第一次去那个地方,虽然事先查了地图,但还是迷路了。到达那家公司后,我特别紧张,心怦怦直跳。采访对象乍一看有些吓人,实际上是个温柔风趣的人。我认为最重要的是积极提问,自己想知道的事情啊,感兴趣的事情啊,什么都可以。然后就是绝对不要迟到!"(演唱会的舞台搭建)

"我去采访了巴士公司,对方是一位年轻女士。平时很少有机会和大人交谈,我特别紧张,但还是顺利地完成了采访。按响门铃走进公司的时候最紧张呢。"(高速巴士)

"一开始我特别紧张,左思右想,但是聊着聊着就放松了很多。只要事先准备好问题,就不会在采访时感到困扰。如果没有提前学习基本知识,是无法推进采访的。在我看来,若

是能够完整论述自己的想法，对方也会更加认真。录音设备是必备物品。"（植物工厂）

"我采访的对象，是我最初寄信申请采访的人帮我介绍的。见面那天，我坐晚了一班车，迟到了十分钟。幸好我的手机里保存了老师的邮箱地址，得以告知对方我会迟到的消息。对方非常和蔼，让我在采访的过程中越来越放松。"（注意力缺陷多动障碍）

"我拜访了向往已久的出版社，度过了非常充实的时光。采访过程也非常愉快，了解了许多我很想知道的情况。对方还将不对外销售的礼品送给了我，欢迎的态度让我十分开心。"（杂志编辑）

"我去采访了专门研究日本中世史[7]的教授。这是我第一次自己联系采访对象并进行采访。采访时我真的非常紧张，有时吞吞吐吐，有时大脑一片空白。如果要我给后辈什么建议，那就是多准备一些问题写在纸上！"（忍者）

这样的田野调查往往能让研究型学习在快乐中迅速推进。当然，诸位都是因为想当面询问采访对象才会申请采访的，但是在这一过程中，自主课题将会不

---

7 指始于12世纪末的镰仓幕府，终于16世纪末的室町幕府灭亡的历史时期。这一时期天皇势力衰落，武士阶层兴起。

断变化、深入。现场的体验能让学习变得更为真实。

◆ 在家中完成冒险项目

让我们以酸奶为题材。首先品尝多种美味酸奶,然后比较容器上的文字说明,包括种类名称、原材料名称、成分、价格、保质期……再在牛奶中加入作为种菌的酸奶进行发酵,就能完成自制酸奶。

确定研究对象后进行调查,同时挑战实验、烹饪或制造,这类"项目"也是一种立足于现场的学习。我们可以看一下最近初中生的记录:

> 以低预算自行制造高性能电脑 / 用猪骨熬制拉面汤 / 用 Scratch 和 Python 等制作游戏 / 制作原创动画 / 种植玉米 / 购买并品尝鲸鱼肉 / 拆解跑鞋 / 体验三天内不使用附带个人信息的电子终端 / 调查并用 Excel 整理宫崎骏导演作品中的"用餐场景"/ 创作相声并给家人和朋友表演 / 自制农家干酪与莫扎里拉奶酪……

完成项目前,我们也要制作包含日程、前期准备与预算在内的计划书,然后备好项目的"记录笔记",也就是类似科学家的实验笔记的东西。实验笔记中记录的是实验的时间、条件与结果,而我们的项目笔记中还需要记录更多内容。例如,我们可以从计划时的想法开始记录，贴上购买材料的小票与商品包装，详细写下自己的评论、感想与家人的反应。另外，照片和视频与笔记记录同样重要，千万不能忽略，仅仅一张照片就能唤起当时的大量记忆。将这些笔记、照片和视频整合起来，便能写出充满现场感的报告书。田野调查也是同理，基于亲身经验的报告书当然只有经历者本人才能撰写。所谓"原创"就是这么回事。

◆ 热情的学生会得到社会善待

本章聚焦研究型学习中最有趣的田野调查与项目环节。从这些经验中，我每年都能强烈感觉到"充满学习热情的学生总会得到社会善待"。对于诸位来说，田野调查是与社会连接交流的好机会。不只大学老师，许多企业和团体都十分看重对学生的支持（＝教育），愿意为学生付出时间。

很多学生都在田野调查中"脚踏两只船"（犹犹豫豫，无法做出决断），但是门不敲是不会开的，付出的勇气必然会得到回报。项目也是如此，诸位将会面临复杂的现实：知识不是现成的，也没有人事先整理。就算说明书或食谱上已经写得清清楚楚，还是无法顺利完成，这就是现实世界。不过这也增加了相应的乐趣，提供了研究的价值。总而言之，无论是田野调查还是项目，希望诸位都能够通过自己的切身体验留下充满闪光点的记录。

第 5 章

自主课题的
探寻方法②

设定主题（问题），
设计论文

此前的章节先后介绍了选择题材的方法（第2章）、片段与作品的制作基础（第3章）和田野调查的实际情况（第4章）。如果能按照上述步骤完成"调查学习"，可谓相当成功。总而言之，我们要专注于自己的关注点，在遵守复杂规则的基础上自行创造世界。

然而，这样的"调查（完毕的）学习"还不能称得上是"研究"或"论文"。在设定自主课题（问题）的基础上，一边学习资料，一边完成田野调查，逻辑清晰地写出原创结论（回答），才是真正的研究论文。这里的"问题"并不是那种任何人经过调查都会得出相同结果的问题，而是还没有人回答过的，或是有多

本书介绍的三种研究型学习

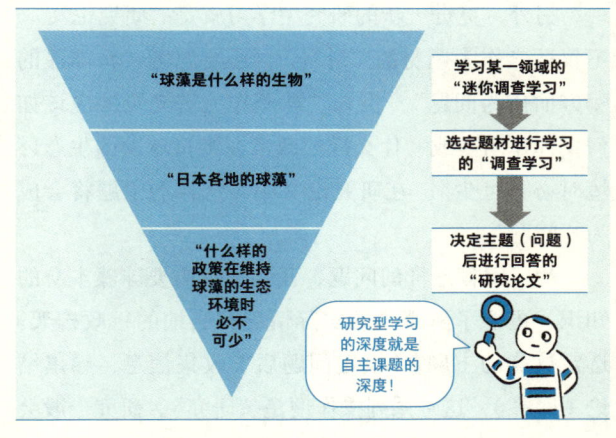

"球藻是什么样的生物"	学习某一领域的"迷你调查学习"
"日本各地的球藻"	选定题材进行学习的"调查学习"
"什么样的政策在维持球藻的生态环境时必不可少"	决定主题（问题）后进行回答的"研究论文"

研究型学习的深度就是自主课题的深度！

89　第5章　自主课题的探寻方法②　设定主题（问题），设计论文

种回答方法的问题，也就是研究的问题。如果能够设定那样的主题进行研究，那就已经超越了中学生的水平。

◆ 什么是研究论文

让我们在这里稍微整理一下本书介绍的三种研究型学习吧，即"迷你调查学习""调查学习"和"研究论文"。"迷你调查学习"与"调查学习"是"选定领域和题材后进行调查的研究型学习"。也就是说，两者都属于收集整理相关信息的学习。其中，将信息简单归纳的是"迷你调查学习"。在这一过程中增加（前文举例中的）球藻的知识，聚焦于"日本各地的球藻""球藻的养殖"等内容，选定题材后进行调查，就能演变成内容充实的"调查学习"作品。

另外，更进一步的研究型学习就是"研究论文"。不仅调查作为题材的"球藻"，还要思考"将球藻的哪方面作为问题"，例如"球藻作为观光资源应该如何发挥作用"或"什么样的政策在维持球藻的生态环境时必不可少"。在研究论文中，这样的主题将会成为"问题"。

为了回答这样的问题，我们不仅需要球藻本身的知识，更要了解观光的实际情况和当地的行政构架。选定这样的主题，（设定问题后）收集信息，导出结论（回答），这一系列操作便是"研究"。研究一般会以论文的形式呈现，因此本书使用了"研究论文"这一听起来有些晦涩的用语。

"迷你调查学习""调查学习"和"研究论文"在难度上有所不同，但也有许多共通之处。首先，三者的题材或主题（问题）选择全部取决于自己的兴趣。也就是说，研究型学习时刻都在使用"自主课题"。或者可以说，研究型学习既不是"奉命调查的学习"，也不是"奉命研究的论文"。其次，利用图书馆和网络收集信息，在记录引用内容和出处时遵守书写规则，这些方法也是共通的。因此，截至第3章涉及的"调查学习"中的各种方法可以原封不动地用到"研究论文"中。当然，希望诸位也能挑战田野调查和其他能接触现场的学习。

接下来，本书将会介绍近些年来初中毕业论文的主题。标题形式为"主标题——副标题"。主标题作为主题，呈现出提问的形式，副标题则多以明显的表述体现出结论（回答）。

【初中生毕业论文标题举例】

·为了保护日本的乡村，我们能做什么——学习、参与、推广，创建乡村保护社会

·伴随危险的月面着陆有什么意义——阿波罗计划带来的最新技术在多个技术领域里的应用

·吉卜力饭为什么看起来那么美味——用"进食"表现"生命"

·如何应对乌龟中的外来种群——国营项目的关注

·人们为什么对妖怪感兴趣——时代与妖怪的变化

·如何普及导盲犬——视觉障碍与社会意识

·A.A.米尔恩的《小熊维尼》与电影《小熊维尼》有何不同——适用于动画的丰富表达

·古典芭蕾舞演员如何表现"美"——姿态、以下蹲为支撑的外旋、稳定性与平衡

·如何消除捕杀——重新审视宠物市场的法律修订

·宝可梦如何改变了家庭游戏——游戏带来的人际交流

·点心在现代日本社会有何作用——从营养补充到心理效果与社交工具

·Costco消费为日本人的购物带来了什么样的影响——以购物为娱乐

·伟人为什么从教科书上消失了——大学入学考试对教科书差异的消除

·为什么很多人不了解高性能专用相机的魅力——价格与操作困难

·高达模型为什么吸引了两代人——跟随需求发

展的商品

·动物园如何考虑动物福祉——以环境扩容打造原生态环境

·如何缩短计算机的处理时间——通过制作游戏进程优化工具"芥末第一代"进行的实证实验

·如何制作硬式网球拍——企划与设计打造的魅力商品

·食虫植物为何捕食昆虫——为了在极限的土地上存活下来

◆ 汇集片段，确定主题，设计研究论文

介绍了这么多标题，那么该如何确定研究论文的主题（问题）呢？我将举例介绍汇集片段、设定主题（问题）的步骤。在第3章中，我以卡拉OK为题材，梳理了汇集片段撰写章节，进而完成"调查学习"的过程。接下来，本书将从"（3）汇集片段形成'章'"（第61—63页）这一步继续往下写。

（3）片段已经汇集完毕，将相似片段整合，就能形成介绍卡拉OK定义与起源的"什么是卡拉OK"，即介绍基础知识的第1章。

（4）研究至此非常顺利，但是苦恼也越来越多：若以卡拉OK为题材，应该设定怎样的主题（问题）？"所谓喜欢，究竟是什么？"

4 章节增加也会带来烦恼

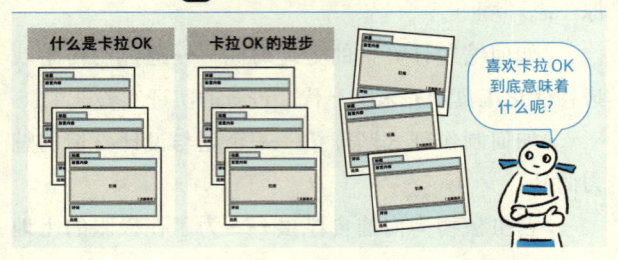

| 什么是卡拉OK | 卡拉OK的进步 |

喜欢卡拉OK到底意味着什么呢？

5 出现主题与目录

| 定义 | 历史/进步 |

为什么孩子（我）也能享受卡拉OK了？

形象提升

案件和性骚扰？

片段还在增加！

6 主题设定与田野调查

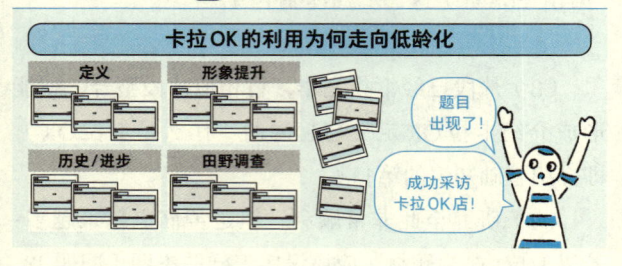

卡拉OK的利用为何走向低龄化

| 定义 | 形象提升 |
| 历史/进步 | 田野调查 |

题目出现了！

成功采访卡拉OK店！

7 论文结构逐渐呈现

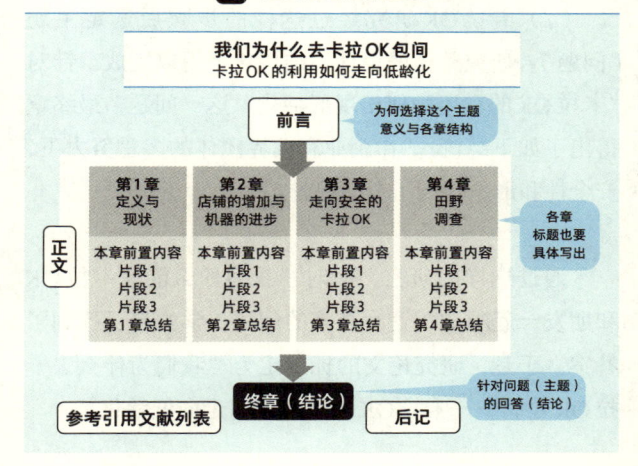

我们为什么去卡拉OK包间
卡拉OK的利用如何走向低龄化

↓

前言 — 为何选择这个主题 意义与各章结构

正文：

第1章 定义与现状	第2章 店铺的增加与机器的进步	第3章 走向安全的卡拉OK	第4章 田野调查
本章前置内容 片段1 片段2 片段3 第1章总结	本章前置内容 片段1 片段2 片段3 第2章总结	本章前置内容 片段1 片段2 片段3 第3章总结	本章前置内容 片段1 片段2 片段3 第4章总结

各章标题也要具体写出

终章（结论） — 针对问题（主题）的回答（结论）

参考引用文献列表　　**后记**

（5）经过多方思考与商谈，决定关注卡拉OK的历史。在卡拉OK刚开始普及时，只有大人会一边喝酒一边享受卡拉OK，于是发生了各种各样的事件，经常在报纸上闹得沸沸扬扬。那么，为什么如今的卡拉OK会变成小学生也能独自享受的娱乐呢？似乎已经可以隐隐约约看到这样的主题。与此同时，对大型卡拉OK连锁店的采访也在同步进行。

（6）"卡拉OK的利用为何出现低龄化？"这就是主题。第1章介绍卡拉OK的定义与现状，第2章追溯卡拉OK机的历史与发展，第3章总结卡拉OK包间的安全化与业界为提升形象采取的对策，第4章报告通过田野调查了解到的卡拉OK连锁店的实际努力。

（7）卡拉OK研究经过这样的步骤后选定主题（问题），研究整体的设计（结构化）得以完成。针对"卡拉OK的利用为何出现低龄化"这一问题，最终章得出了如下结论："在企业和业界团体的多重努力下，安全性和形象得到了全面提升。"

通过这样的研究，面对"我为什么能在卡拉OK和朋友一起唱歌"这一朴素的问题，学生自己找到了答案。于是，研究论文的标题定为"我们为什么去卡拉OK包间——卡拉OK的利用如何走向低龄化"。

◆ 各种无法成为主题的"问题"

写到这里，卡拉OK论文也顺利选定了主题（问题），似乎可以预见结论了。但是，对这名学生以及其他学生来说，在得到结论之前，还要经历许多烦恼或犹豫。例如"因为是主题，所以要用疑问句"，结果发现难以继续，这是每年都会出现的情况。接下来，我将介绍四类难以成为主题的问题。

| 已经解决的主题 | **那种东西是常识**

诸如"燃料电池车怎样运行"等已经解决的问题是不能选为主题的。"我自己不知道，所以调查一下"，这是设定主题之前的工作。也就是说，任何人

都能调查出相同结论的问题不能成为主题。如果对燃料电池车感兴趣，那么可以进行有关设计与制作的项目型研究。如果想要自己制作电脑，可以选择"如何实现低价格高性能的电脑"作为主题。工学类的主题非常适合项目型研究。

| how-to 主题 | 结果取决于本人的努力和运气

"如何才能节食减肥成功？""如何才能提高记忆力（专注力）？"我们要避免这类 how-to 主题。因为这类研究的实现主要取决于个人的努力、能力与运气。例如，节食减肥广告中总会大量介绍成功案例，却并不能证明节食减肥的方法就一定有效。我们无法否定广告选用的是那些"努力并且运气好的成功者"。

| 预测未来的主题 | 可以信口开河

"日本经济会走向何方""日本农业的未来"之类的内容也不能选为主题，因为在预测未来时，我们完全可以信口开河。"阪神老虎队明年能夺冠吗？"简直就是想说什么就说什么。但是反过来，"阪神老虎队为什么能在2005年夺取冠军"就是可以论证、讨论的主题。

| 喜欢喜欢主题 | 大家肯定都这么想哦

"大家为什么喜欢狗""迪士尼乐园为什么受到欢迎"等主题也是经常出现的。如果轻易接受"主题就是问题"，则会寻找受到欢迎的理由，变成"喜欢喜欢主题"。研究一旦这样进行下去，最终就会得出

"因为狗能治愈人心"这类常识性结论。一般人大都会这么认为吧。常识的确认不是研究。另外,关于迪士尼乐园的人气,如果能够分析此前不太为人注意的原因,则可以导向有价值的主题。

细细品味主题(问题),也许会收到很多意见:"这是how-to吧。""那个只有你不知道。""未来的事情谁知道啊。""大家都是那么想的。"但是,这并不意味着诸位的兴趣是错误的。缩小范围,改变视点,打磨用语,手中的题材很可能就会变成有趣的主题(问题)。如果充满兴趣,就不应该轻易放弃。

◆ 脱离"喜欢喜欢主题"——
"迪士尼乐园经营的秘密"不是秘密

我们再来看一位学生的主题(问题)变化。最初,她确定的主题是"迪士尼乐园有怎样的经营秘密"。她首先提出关于迪士尼乐园的疑问,然后逐一寻找答案,学习过程十分充实。可是看到她列出的目录,总是觉得还缺少什么。正如她自己所说,还缺少深度。为什么呢?

其实,主题中的"经营秘密"在读过的书中已经十分明确,不能再称之为秘密。负责经营迪士尼乐园的东方乐园公司确实值得关注,但是那样的"秘密"无论经过谁的调查,都会得出相似的结论。那样一来，这篇研究论文就成了对"迪士尼手册"的简单概括……学生正是从这样的预感中感受到了欠缺。而且原稿中有名为"迪士尼乐园惊人回头率的秘密"的片段，这样的写作方式展现出的是"迪士尼乐园之爱"。问题意识在迪士尼乐园与相关书籍中就已经终结，始终缺乏深度。这就是"喜欢喜欢主题"的典型例子。

那么如何在设定主题时保持与"迪士尼乐园之爱"的距离呢？从外部观察迪士尼乐园，（相对化地）思考主题，学生最终将论文的标题确定为"东京迪士尼度假区的未来挑战——怎样抓住父亲的心"。她亲眼所见的事实成了契机：既有趴在迪士尼乐园内桌子上睡觉的男性身影，也有女性客人超过七成的统计数据。男性客人数量少、不爱玩的现状是个问题——"经营者的视点"变成了主题。于是，学生在那些有孩子的成人中做了问卷调查，结果显示有父亲"既没去过，也不想去"。在此基础上，学生深入思考了关于增加入园人数的对策，制作提案，并采访了东方乐园公司。正因为喜欢才会多学，正因为多学才能注意到问题，这样的过程带来了出色的研究。

◆ 加大研究难度的八种误解

即使改变视角，也无法找到自主课题，原因可能在于对待研究型学习的看法。恕我直言，每年都一定会出现这样的学生：课程临近结束却不知道该干什么，找不到题材，也无法从研究中发现乐趣。到底为什么会这样呢？研究型学习与平时的课程和考试不同，此前的经验和方法可能反而会给寻找自主课题带来障碍。接下来将要介绍的误解或许正是原因所在。机会难得，让我们用昵称逐一介绍吧。

| 学习手段说 | 定额酱[8]/不在场证明君

包括研究型学习在内，学习是为了取得优异成绩，是为了不惹家长和老师生气，这一误解称为"学习手段说"。如果学习是"手段"，那么学生学习就不是出于兴趣，而是为了"学多少才能合格"的目标工作量（定额）与"没有偷懒哦"的证据（不在场证明）而努力。这样一来，研究型学习就不再有趣了。

| 性价比优先说 | 轻松酱/性价比君

如果学习是"手段"，那么肯定会有人这样想，找个轻松的主题不就行了。这样的误解称为"性价比

---

8 对应日语ちゃん，是对关系亲密的人使用的称呼，"酱"是其音译，为了和后文的"君"呼应，保留该音译词。

优先说"。那么，性价比优先真的意味着轻松吗？并非如此。没有任何题材或主题是轻松的。就算看起来轻松，如果缺乏关键的兴趣，也会变得无聊。相反，如果选择感兴趣的题材，效果和充实感将会超乎想象。然而，性价比君并不相信这点，它不舍得花费力气，而是进入了节能模式，结果只能一边抱怨一边完成（处理）无聊的定额。

| 角色优先说 | 巧克力酱／角色扮演君

在思考题材时，比起兴趣，优先考虑自己的立场和别人的眼光，这样的误解称为"角色优先说"。如果这样的想法过于强烈，总是装模作样地刻意吸引别人，就会渐渐不再专注于自己的兴趣。女生会有选择巧克力、红茶、颜色等主题的倾向，男生则可能选择生活中的食物或者稍显低俗的标题。两者都能通过"动机没有说服力"来判定。

主题是和自我对话后决定的，请诸位直率地面对内心所指的题材，不能被教室里的人际关系影响。一个学生曾经这样写给后辈："最好不要因为在意别人的目光，而以'可爱''帅气'为理由选择自己明明不感兴趣的主题。我对'那个世界'感兴趣，所以没有顾及别人，写了那个主题（地狱），真的非常愉快。"自己的追求总是正确的。

| 研究抄写说 | 复制酱／抄写人

有一个学生曾经来找我说："老师，除了抄写资

料以外，还需要做什么呢？""完整抄写就是研究型学习"，这样的误解称为"研究抄写说"。如果没有完整的抄写，研究确实无法推进，可是我们还要加上评论，那样才能形成原创性的研究。若是只有抄写，那只要依靠复印机和读书就好。

| 评论分量说 | 克酱／测量君

如果研究论文仅靠抄写便能完成，那么就会产生"抄写多少才能获得好评"的误解，即"评论分量说"。以前，一说到"作业是论文"，就会有学生嘟囔："一个字一格的话，写几张？"论文确实需要一定程度的字数，但是通过引文来注水的论文是行不通的。如果学得兴致勃勃，字数当然就会增加，我就职的学校里还出现了写出四万字的学生。对主题的热情确实也会展现在字数上，但是比起字数，内容才是最基本的评价标准。

| 苦恼就能解决说 | 少女酱／罗丹先生

抱着胳膊苦恼一番就能决定主题，这样的误解称为"苦恼就能解决说"。什么都不做，是不可能等来题材或主题的。主题需要"主动去迎接"。走到书架前打开书本，或是与朋友商量……像这样活动大脑和身体，才能找到线索。图书馆里有无数扇可以发现自主课题的"隐形门"，但是无论门后有多少财宝，不去开门的人是不会发现的。不愿意花费功夫开门的玩家只能在同一个舞台上打转。

|天降说| 祈雨酱／"没有好的吗"君

学习的内容总是由老师决定,这种"从天而降"的误解称为"天降说"。如果被问到"就没有什么好主题吗?"只能回答"请随便想一个"。研究型学习课程的最大特征是"不要抢先",不可能把最重要的自主课题交给老师决定。

|近道存在说| 快捷方式酱／近路君

思考问题寻找回答是我们的目的,因此只要选择看似能够回答的问题,用网络检索答案就好,这样的误解称为"近道存在说"。研究确实是提出问题并回答的过程,但是真正的目的并不在此。带着兴趣进行调查,拨开障碍进入那个世界寻找问题,这一学习过程本身才是目的。这么说或许有些费解,但是比起那些寻找正确答案的漂亮论文,绕了远迷了路,留下思考痕迹的论文更加重要。无论是什么样的问题,思考过程都不会白费。用长远的眼光看,正是那些思考的经验加深了思想,创造了价值观的核心。

我们不能应付式地(结合当时情况)确立问题,那样就连提问者本人都会觉得无趣。要是再输给从网络上复制粘贴(剽窃)答案的诱惑,事态就会更加严重。剪切粘贴的文章很容易被看穿,而且几乎所有大学(包括部分高中)都会运用查重软件来核实剽窃行为。抄近道留下的是糟糕的回味。

让我们来总结一下上述误解。将研究型学习当作某种手段，或是优先考虑性价比，或是纠结于自己的角色，进展就不会顺利。此外，研究型学习既不是复制，也不是剪切、粘贴的近道。内容最重要，分量只不过是参考。站在原地烦恼是无法等来主题的，最终还是只能让自己的兴趣指明前进的道路。

读到这里，诸位的心情可能有些沉重，毕竟每个人大脑中的某个地方都会存在这样的情绪。但是，在注意不要被这些误解束缚的同时，还请抱有这样的想法：只要目光不离开自己的兴趣，就基本上不会出现问题。

研究型学习确实很难，不过诸位心中一定存在某种兴趣、好奇与问题意识。或许现在还没发现，但是每个人都具备这样的基本性质。一旦对某个方面产生兴趣，那么抱有同样兴趣的前人（前辈）留下的文献资料就一定会以伙伴的身份出现，在图书馆里或网络上温暖地迎接诸位。

◆ 研究型学习是怎样的过程？

至此，我们终于厘清了寻找自主课题与研究型学习的困难。接下来，我想以"大航海"作为比喻，对研究型学习的过程进行解说。说到研究型学习的过程，常见的表述是"设定主题→收集信息→整理分析→归纳总结"。课程的确会按照这样的顺序推进，但是个人的研究型学习往往不会像这样按照顺序逐级而上。有一百个人，就有一百种过程。

研究型学习经常被比喻成目的地不明的"大航海"。请诸位想象一下：那是每个人都会成为船长，一边思考目的地一边旅行的大航海。普通的航海会在出发前决定目的地，可是在研究型学习的航海中，不但学生自己不知道前进方向，连老师也对此一无所知。老师询问"你想选什么样的主题"，答案只有学生自己知道。看起来或许有些不着边际，不过每年都有大量中小学生挑战这样的调查学习与研究论文，并且乐在其中。

大航海是夹杂着不安的复杂旅途。从兴趣出发开始写作，结果没过多久，最初思考的目标或目的便发生改变，产生出预料之外的作品。就算是"自主课题"，也可能在中途完全改变。所谓"自己发现课题，自己学习"，大体都是如此。无法按照预想进行，也没有固定不变的道路，在犹豫和曲折中前进才是常态。

◆ 主题（问题）究竟何时决定？

我曾经听过这样的疑问："主题究竟要在何时变为问题的形式？"学生们的主题（问题）是不会在课程中的某一时期一齐选定的，而是各有各的节奏。早一些的学生在"课程开始之前"就已经选好主题。例如，从平时起就"想研究一下来到附近河里的外来乌龟"。这或许可以说是随时抱有问题意识吧。但是，这样的情况其实很少。正如前文所介绍的，多数学生更加符合类似"在调查喜欢的卡拉OK过程中发现了主题"的情况。

然而，无论多么喜欢，也经常会出现临近截稿日期还找不到主题（问题）的情况。那种时候，我往往会这样建议："你是一点点做到现在的，已经积累了很多片段吧。如果回看片段堆成的小山，那座山会成为什么问题的答案呢？"也就是说，片段聚集成的"答案"已经存在，只需要设定相应的问题。在随后的商谈中，当我说出"阅读片段就会发现，你最在意的难道不是这一点吗"的时候，学生突然露出了豁然开朗的表情："对！就是那样！"所谓旁观者清，就是那么回事。

这么一想，先问后答的顺序就变得越来越模糊了，不过也没关系。"主题（问题）究竟何时决定？"我们或许只能这样回答："到时候就知道了。"

◆ 一开始就可以写的"后记"

研究的最后一部分是"后记"。我们要在这里写出残留的问题，并向关照我们的人致谢，不过最重要的还是要写出研究的动机或契机。简而言之，我们要写出自己对"为什么选择这个题材"的回答。

诸位是不是有种错觉,觉得既然是"后记",那么最后再写就好?其实关于动机的提问就在最初写下的研究计划书中。因此,我们也可以从一开始就写"后记"。

话说回来,在"后记"之前的研究"正文"需要呈现出客观冷静(或许也可以说是"装腔作势")的面貌,但是"后记"则完全可以画风一变,表达主观想法。邂逅题材时的情形,印象深刻的各种场面,喜欢就是喜欢,不满就是不满,惊讶就是惊讶,请诸位一定具体写出来。写下此前被禁止的"感想",就是"后记"。

研究论文的读者当然想了解研究的意义和问题意识,这些内容要写在"前言"中。但是与此同时,读者也想知道执笔者(诸位)的动机和"进行这类研究的到底是什么人",因此在阅读研究论文的时候,很多人会首先阅读标题"我们为什么去卡拉OK包间——卡拉OK的利用如何走向低龄化"和"前言",然后立刻去读"后记"。读了"后记"之后,读者便会不自觉地从中寻找认同:"哎——那个学生那么喜欢唱歌,每次休息都和朋友去卡拉OK,竟然做了这种研究啊。"也就是说,读者会对撰写研究论文的诸位的"背景"产生好奇。

"后记"中包含了作者的灵魂。在这层意义上,"后记"可以说是研究中意味深长的热情所在。而有着充满热情的"后记"的研究,就算正文的重点不算清晰,也能无一例外地打动人。正因为研究的"原点与灵魂"充满热情,才能将这种热情传递到整篇论文的各个角落。

与此同时,也有人怎么都写不出"后记"。如果想不出研究动机,那么题材或主题就会相当危险,毕竟那意味着原点的火从一开始就没有点燃。

最后,我还想叮嘱一件重要的事:无论多么苦恼,选择自主课题时都要以兴趣为优先。说得晦涩一点,只有掌握了"initiative"(主导权),研究型学习才会变得有趣。游戏和工作一样,自己决定的肯定更加愉快。难得体验的研究型学习,可不要把它变成"奉命调查的学习"或"奉命进行的研究"。

附录

让我们来帮助伙伴学习吧

来到附录，本书也即将结束。这一部分的主题是"怎样才能帮助伙伴学习"。面对共同挑战研究的同学和未来将要挑战研究型学习的后辈，诸位能够帮忙的事情其实有很多。向正在学习的人伸出援助之手，这不是只有老师和图书馆管理员才能做到的。

◆ 成为学习助手吧

正如本书前文所述，研究型学习与学校的普通课程完全不同。此前的学习定律（最好的方法或顺序）在这里是行不通的，因此协助的方法也迥然不同。在这里，我将分三个角色来介绍具体任务。

| 苏格拉底 |

苏格拉底是古希腊的哲学家，以倡导众人一起在疑问中寻找真理的问答法而闻名。诸位应该也有询问朋友"选什么主题"的时候吧。对研究型学习来说，这就是最大的帮助。人类是跟随提问进行思考的生物，问题将会成为契机。"选什么作为题材？""怎样学习？""选择这个主题的根本原因是什么？"朋友之间可能会产生各种各样的问题，问题会搅动对方的内心。在这一层面上，可以说苏格拉底就像一位"助产士"，承担着协助自主课题生成的任务。

| 守灶人 |

这是个非常古老的词语，曾经在露营时负责生火

的人或许立刻就能明白。守灶人是指在研究型学习中介绍相关书籍和信息的人。灶中的火就像学习者的兴趣和好奇心，灶中的木柴就像书籍和资料。在图书馆找书时，我们有时会产生这样的想法：啊，我想把这本书带给那个正在研究××的家伙。有时我们还会想要告诉别人："YouTube上有这类视频哦。"刻意锻炼这种能力，达到专业级别（咨询能力），就是图书馆的管理员。

指南人

教授剑术的人被称为指南人，而诸位在这里为后辈"指南"的，是"信息活用术"和"论文术"。如果具备研究型学习的经验，或许就能向后辈们传授这些方法：如何在图书馆找书？如何在网络上寻找值得信赖的信息？如何记录各种麻烦的参考引用文献？"指南"字面意思为"指出南方"，同时承担着指出同一题材不同视角的任务。以卡拉OK为例，"采访一下住在外国的××老师，听听他对当地卡拉OK的介绍，或许会很有趣呢"。

三个角色共通的关键之处在于"不要抢先"。即使介绍相关书籍，或者对采访方法提出建议，也不能强求。学习的内容、理由、参考书籍和方法，都应由本人决定。

◆ 相互修改

完成若干片段后,或者写好草稿后,相互修改是十分有趣的。如果使用电脑写成,就把原稿打印出来交换,再用红笔修改。请诸位参照下一页的研究论文检查表。

我们还可以想到更多检查项目,但是只要修改这里列出的项目,论文就能变得像模像样,真是不可思议。当然,阅读原稿后若能写下"这里不太明白""这个词很难懂"等感想,那就更好了。修改越仔细越显亲切,无须顾虑。

互相修改能发现作者自己都没有注意到的细微错误,就连句号、顿号和逗号的错用都能被指出。与此同时,修改者也能从中掌握记述的规则。

研究论文检查单（电脑原稿用）

◆ 片段与文章的规则 ◆
- [ ] 每段开头空两格了吗？
- [ ] 每行的行尾对齐了吗？
- [ ] 使用空行或引号来区别自己与别人的话语了吗？
- [ ] 行文用语统一了吗？
- [ ] 有没有过度使用口语以及"我想""我认为""我发现"？
- [ ] 标题和其他内容的字体区别开了吗？
- [ ] 英文字母和数字字体正确吗？
- [ ] 引用是不是太长了（最好控制在十行内），从统一资料中引用的内容是不是太多了？
- [ ] 照片和图表上的文字是否正确换行？
- [ ] 照片和图表有没有说明（标题或文字），照片的拍摄者有没有明确写出？
- [ ] 标页码了吗？

◆ 出处（参考引用文献）的规则 ◆
- [ ] 引文最后有"文献表示"吗？
- [ ] 文献表示与参考引用文献列表相互对应吗？
- [ ] 使用的网络信息值得信赖吗？是否避开了个人或匿名网站、总结类网站、视频、社交媒体信息、维基百科、大学生论文等来源？
- [ ] 网络信息的出处记录正确吗？

◆ 研究论文的数据与结构 ◆
- [ ] 主题（问题）与结论（回答）互相对应吗？
- [ ] "前言""目录""参考引用文献列表""后记"都有吗？

后记
你是谁？

本书的"前言"中有这样一句话："通往研究型学习的道路与寻找自主课题的道路是重合的。""到底要选择什么题材和主题呢？"诸位大概都相当烦恼吧。其实就算上了大学甚至步入社会，同样的烦恼依然无穷无尽。

许多书籍介绍了研究论文的写作方法与规范，但是"以寻找主题为主题的书"却寥寥无几。我从心底盼望诸位都能邂逅自主课题，完成艰难却快乐的研究型学习。

回过头来，我想重新思考"为什么要进行研究型学习"。老师希望学生能快乐地学习感兴趣的事物，这是毋庸置疑的，还是想让学生掌握调查写作的能力（活用信息的能力）？的确，学生会掌握这项能力。但还有更重要的事。"学习什么样的自主课题"这一问题其实与"你到底是谁"的问题相关，研究型学习的重要性就体现在这里。当然，学习球藻或卡拉OK的学生不可能都成为植物学家或进入卡拉OK业界工作，重要的是这样的过程：在学生时代的某一时期，曾经自己选定主题，沉浸在球藻或卡拉OK的研究中。在不知确切时间的未来，这一经验中的某种东西将会慢慢为我们带来"我是谁"的答案。

一两次研究型学习无法决定自己的未来，事情没有那么简单。但是，自己选择的学习（主动自律的学习）不断积累，就会引发不可思议的现象。在我们尚未察觉的时候，学到的各种知识已经彼此相连。我们将读到该读的书，见到想见的人，值得挑战的宏大主题将会出现在我们面前。

　　只有回溯研究型学习，我们才会发现自己心中已经升起了永不消失的星星。当数颗星星一齐闪烁，就会在某一天产生只属于自己的星座。如果诸位能通过本书找到心中那微小却不会熄灭的星星，哪怕只有一颗两颗，我也将深感欣喜。

　　"要不要写一本关于寻找自主课题的书？"筑摩书房的金子千里女士是在2020年11月向我提议的。本书的写作过程与研究型学习如出一辙，同样走了很多弯路。在新冠肺炎疫情期间，多亏金子女士通过远程会议辛苦相伴，本书才能最终诞生，在此深表感谢。

　　从清教学园毕业的道下夏同学和山本理纱同学爽快地允许本书采用了她们关于卡拉OK和迪士尼乐园的部分论文与想法，还发来了"至今仍然觉得毕业论文的经验十分宝贵"的邮件，真是感激不尽。同时，我还想感谢诸位毕业生，谢谢你们允许本书介绍你们的论文标题

与感想。

最后，我想感谢一路支持研究型学习的清教学园图书馆的管理员老师与工作人员。如果没有管理员室的讨论（多半都是闲谈），就没有这本书，在此从心底致以谢意。

产品经理：邵嘉瑜
视觉统筹：马仕睿 @typo_d
印制统筹：赵路江
美术编辑：梁全新
版权统筹：李晓苏
营销统筹：好同学

豆瓣 / 微博 / 小红书 / 公众号
搜索「轻读文库」

mail@qingduwenku.com